목회상담학자의

바울 읽기

| **장보철** 지음 |

큐란출판사

추천사

현대를 살아가는 신앙인들이 직면하고 있는 커다란 도전 중의 하나는, 어떻게 하면 서양의 중간계급인 유럽과 미국인의 상황을 넘어서서 의미 있는 목회상담을 제공하느냐이다. 역사적으로 볼 때, 한국의 크리스천과 한인 이민자 크리스천들은 소위 말하는 전통적인 목회상담 패러다임에 매우 익숙하다. 전통적인 패러다임 하에서, 목회자들은 하나님과 예수 그리스도 그리고 성경에 대해서 말하며, 어떻게 하면 기도 훈련을 통해서 성도들의 삶을 변화시킬 수 있을까 하는 문제에 집중해 왔다. 성경 공부와 예수 그리스도를 전파하며 목회자들은 성도들을 하나님께 직접적으로 인도했으며, 만일 성도들이 교회의 가르침을 받아들이면 구원받을 수 있다는 것을 모든 목회자의 목회의 핵심으로 삼아왔다. 이러한 목회방법론을 목회상담학에 그대로 적용해 볼 때, 몇 가지 이유로 너무 단순하다는 비판을 면하기 어렵다.

첫 번째, 마치 위에서 지적한 목회의 현상들이 수세기의 기독교 역사를 통해서 목회상담학이라는 분야에도 똑같이 적용된다고 오해할 여지가 있다. 사실, 목회상담은 본래 인간의 구체적이고 독특한 컨텍스트에 의해서 형성되어 왔다. 즉, 목회상담은 문화와 회중과 목회자들의 독특한 개성들로 이루어진 신앙공동체와 다양한 교단에서 발생하는 역사적인 사건들에 의해서 발전되어 왔던 것이다. 우리에게는 신학교에서 신앙적인 실천적 행위의 일환으로서 가르치고 배우는 목회상담학에 대한, 고전적이고 그 어느 때에도 적용

가능한 개념들을 정립하고자 하는 열망이 있다. 다만 우리가 기억해야 할 것은, 유일하고 만국적이고 통시대적으로 적용되는 절대적인 목회상담의 형태는 그 어디에도 없으며, 단지 목회상담의 현장이 되는 특정한 시대와 사회와 문화의 무한정인 컨텍스트의 다양함만이 존재한다는 것이다.

앞에서 말한 고전적 개념의 목회상담을 언급할 때 두 번째로 기억해야 할 것은, 현대를 살아가는 우리의 신앙과 연관된 많은 도전을 다루는 방법으로서 초기 교회의 모습들을 떠올릴 필요가 있다. 예를 들면, 크리스천으로서 어떻게 아이들을 최선을 다해서 키울 것인가, 우리 가정을 위해 어떤 것이 최선의 모습인가, 서로가 어떻게 서로를 돌보아 줄 것인가, 어떻게 크리스천 공동체를 형성할 것인가 등이다. 오늘날 직면하고 있는 혼란 속에서, 우리는 삶 속에서 하나님을 경험하는 가장 단순한 방법을 갈망하는 경향이 있다. 고전적인 목회상담 패러다임은 신앙인들이 부활하신 예수님을 만나고 예수님께서 자신들의 삶 속에서 살아 계신다는 복음적인 내러티브를 단순하게 반복하는 것처럼 보인다.

그러나 아쉽게도 예수님을 경험하는 방법이나 복음서와 초대 교회 안에서 목회상담이 행해지는 방법 등을 이해하고 재발견하는 데에는 단순한 방법 그 이상의 작업이 필요하다. 만일 우리가 성서비판학적인 방법론을 사용하여 신약성서를 공부하는 방법에 대해서 기초적인 지식이 있다면, 복음서나 바울 서신에 나타난 내러티브를 연구하고 이해하는 게 그리 단순한 작업이 아님을 알게 된다. 수세기에 걸친 성서학자들의 연구는 우리가 그 어떤 성서적인 내러티브의 원래적인 의미로 돌아가는 것이 거의 불가능하다는 것을 보여준다. 다른 말로 말하면, 우리는 단지 성서학자들의 특별한 해석 가운데 우리 자신의 컨텍스트에 의미 있고 적절한 것들을 받아들이며, 특정한 사람과 공동체를 위한 목회상담과 관련 있는 성서적인 텍스트의 의미를 제시하고자 노력하고 있는 것이다.

비록 사람들로 하여금 그 들의 삶을 보다 더 윤택하게 해주는 믿음을 고백하게끔 도와줄 수 있는 목회상담을 이해하고 실천하기 위한 단순한 방법을 갈망해 왔지만, 목회상담을 실천하고 이해하기 위한 지극한 단순한 방법은 존재하지 않는다. 그 어느 경우에도 적용될 수 있는 만병통치적인 목회상담 모델이 없다는 깊은 인식 속에서 신앙공동체적이고 컨텍스트적인 목회상담 패러다임이 형성되었던 것이다. 이 패러다임은 1960년부터 떠올랐던 유로 아메리칸 중간계급 중심의 치료 지향적 목회상담 패러다임의 한계를 인식했던 일단의 흑인 목회상담신학자들에 의해서 처음 시작되었다.

신학적으로 보다 보수적인 크리스천 전통들은 심리치료적인 기법들과 진보적인 신학적인 입장을 견지했던 치료 중심 패러다임에 비판적인 반응을 보여 왔다. 그들은 신앙의 기초로 회귀하여 고전적인 목회상담 패러다임으로 돌아가자고 주장했다. 그러나 한 번 더 강조하자면, 고전적이건 치료 중심적이건 그리고 신앙공동체적이고 컨텍스트적인 모델이건 간에 그 어떤 패러다임도 한국의 크리스천이나 한인 이민 크리스천의 상황에 전적으로 사용될 수 없다. 왜냐하면 각각의 패러다임은 다 약점과 한계를 가지고 있으며, 특히 목회상담을 개인적인 차원의 신앙이나 죄, 구원과 치유를 뛰어넘어 신앙의 사회적인 차원으로 확대할 때는 더욱 그러하다.

이 책에서, 상보철 박사는 한국인과 한인 이민자들을 위한 효과적인 목회상담을 위한 공동체적이고 컨텍스트적인 모델을 제시하고 있으며, 논지를 뒷받침해 주는 중요한 근거로서 성서적인 해석을 사용하고 있다. 신약성서는 한인교회들에 있어서 중요한 종교적인 권위의 근거가 되어오고 있다. 장 박사는 특히 한국인과 한인 이민 크리스천들을 위한 목회상담의 이해를 위해서 성서를 중심으로 풀어가고 있으며, 목회상담의 예언자적인 역할을 강조하고 있다. 한국인들은 자주 개인적인 하나님과의 만남을 강조하는 경향이 있다. 그와 같은 방법은 좁게는 개인적인 영성을 강조하며 한국과 한인 이민자들의 가족과 공동체 그리고 문화의 체제 속에서 무엇이 발생하고 있는지에 대해서는 그다지 관심을 기울이지 않는 단점을 가지고 있다.

이런 의미에서, 고전적이고 치료 중심의 패러다임은 한국인과 한인 이민자들이 공동체로서 함께 인간의 고통과 상처를 낳는 억압을 비롯한 사회의 문제들을 이해하고 저항하도록 격려해주는 데 그다지 큰 도움을 주지 못한다. 장보철 박사가 덴버 대학과 아일리프 신학교에서 박사공부를 할 때 나는 조언자로서 그와 함께 한국문화와 교회를 더 잘 이해하고 연구할 수 있는 즐거움이 있었는데, 당시 그는 박사 학위 논문으로 미군과 결혼한 이중문화 여성들의 경험을 연구했다. 해방신학과 한(恨)신학을 중심으로, 그는 어떻게 하면 신앙의 공동체가 이중문화 여성들로 하여금 주체적인 자기의식화(Conscientization) 과정을 통하여 자신들의 삶 속에 깊이 자리 잡은 인종차별주의의 악영향을 깊이 인식하도록 도울 수 있는지 분석하였다.

장보철 박사는 이 책에서 신앙공동체적이고 컨텍스트 중심의 예언자적인 목회상담학의 기능을 강조하며 자신의 전문적인 지식과 경험을 매우 효과적으로 사용하고 있다. 그는 목회상담의 기능을 바울의 목회와 연결짓고 있는데, 이러한 작업을 통하여 독자들은 바울의 신학과 목회를 더 잘 이해할 수 있으며, 더 나아가 회중들이 주체가 되는 예언적인 목회와 목회상담을 깊이 인식할 수 있게 되리라 믿는다. 나는 이 책이 한국과 미국의 한인이민교회를 섬기는 목회상담가들과 목회자들을 위한 필독서가 되리라 믿으며, 이 책을 독자들에게 강하게 추천한다.

2010년 2월

목회돌봄과 상담 부교수, 아일리프 신학교

캐리 도어링

■ Professor, Carrie Doehring's Fowarding

One of the challenges facing people of faith today is how to offer pastoral care that is relevant and meaningful beyond Western middle-class Euro-American contexts. Historically Koreans and Korean American Christians have embraced the so-called classical paradigm of pastoral care, which seemed to fit their needs and contexts. In the classical paradigm of pastoral care, pastors talk about God, Jesus, and the teachings of the bible, and how practices of prayer lead people to faith, which changes their lives in tangible ways. In this paradigm, the pastor direct people to God, via the bible and Jesus, and if people accepted the teachings of the church, they will be saved.

This description of the classical paradigm is deceptively simple in several ways. First, it sounds as if this is the way pastoral care has been practiced throughout centuries of Christianity, when, in fact, the practice of pastoral care has always been inherently shaped by context: by historical events occurring at cultural, ecclesial, denominational, and local levels and by the personalities of congregations, pastors, and congregants. While we yearn for some classical, timeless description of pastoral care that we can teach and learn in seminary and faithfully practice, there is no single, universal and transhistorically true form of pastoral care. There are only infinite varieties of contextual pastoral care.

The second deception is the belief that by practicing this so-called classical form of pastoral care, we can return to the earliest practices of the church as a way of dealing with the many challenges to faith in our lives: how as Christians we can give the best to our children, how to provide for our families, how to care for each other, and how to build Christian community. In times of turmoil and confusion, we long for a simple way to experience God in our lives. The classical paradigm of pastoral care seems to replicate the Gospel narratives where men and women of faith met the resurrected Jesus and he became alive in their lives.

Sadly, perhaps tragically, there are no simple ways to understand or rediscover how Jesus was experienced or how pastoral care was practiced in the Gospels or the Early Church. If we know anything about how to study the New Testament using biblical critical methods, we know that there are no simple meanings to any of the Gospel narratives or Epistles. The past century of extensive study by biblical scholars has taught us that we can' t get back to the original meaning of any biblical narrative. We can only draw upon particular interpretations by biblical scholars that make sense for us in our context, and propose provisional understandings of biblical texts that are relevant to pastoral care for particular people and communities.

Though we long for a simple way to understand and practice pastoral care that can help people confess propositional beliefs that will change their lives for the better, there is no simple way to practice or understand pastoral care. There is no "one size fits all" model of pastoral care. We need to craft contextual ways to practice and understand pastoral care. Out of this realization, the communal contextual paradigm of pastoral care was formulated, first by African American pastoral theologians who realized the limitations of the Euro-American middle class clinical paradigm of care that emerged in the 1960s. John Patton and Emmanuel Lartey have elaborated the descriptions of this paradigm, and identified this paradigm as the communal contextual approach to pastoral care. More theologically conservative Christian traditions had their own reactions to the clinical paradigm, with its endorsement of psychotherapeutic techniques and its implicit liberal theology. They advocated a return to the classical paradigm as a way of returning to the fundamentals of faith. No single paradigm of pastoral care--classical, clinical or communal contextual--can be used exclusively in a Korean and Korean American Christian context because each paradigm hasits blind spots, especially when it comes to looking beyond personal faith, sin, salvation and healing to the social dimensions of these aspects of faith.

In this book, Bocheol Chang offers a communal contextual understanding of pastoral care for Korean and Korean American Christians that utilizes biblical critical interpretations as a source and norm of authority. The New Testament has been the central source of religious authority for the Korean Church, often without the use of biblical critical interpretations that draws upon biblical scholarship. Chang writes a biblically informed understanding of pastoral care specifically for Korean and Korean American Christians and his approach emphasizes the prophetic function of pastoral care. Korean American pastoral care has often focused on the individual and emphasized one' s personal relationship with God. This approach has been narrowly focused on personal spirituality, and has not taken into account what is happening systemically in Korean and Korean American families, communities, and culture. Classical and clinical paradigms of Korean pastoral care have not helped Korean and Korean Americans work together as a community to understand and resist experiences of oppression, especially experiences of racism within an American culture.

Bocheol Chang' s doctoral research at Denver University and Iliff School of Theology, which I had the privilege of supervising, focused on the experiences of Korean military wives. Drawing upon liberation theologies, Chang described how communities of faith could go through a process of conscientization, which made them aware of the impact of racism within their lives. This process equipped them to understand and respond to those doubly marginalized by sexism and racism, namely Korean women who had married American military personnel.

In this book, Chang draws upon his expertise in the communal contextual paradigm of care that emphasizes the prophetic function of pastoral care. He examines the ways in which interpretations of Pauline teachings can enhance the prophetic ministry of congregations. I comment this book to you, as an essential resource for pastoral care givers in Korean and Korean American Christian congregations.

Associate Professor of Pastoral Care and Counseling
Iliff School of Theology, Denver, Colorado
Carrie Doehring, Ph.D.

내가 미국 콜로라도 덴버에 위치한 아일리프 신학교에서 목회상담학 박사 과정을 처음 시작할 때이다. 미국의 목회신학과 상담학 분야에서 저명한 학자인 래리 그레이엄(Larry Graham) 교수가 수업 시간에 목회상담학 분야의 역사를 쭉 설명하면서 목회돌봄과 상담학이 신학과 심리학 그리고 다양한 인접 학문과 영향을 주고받으면서 지금까지 발전해 왔다고 말하며, 이제는 심리학 위주에서 벗어나 다양한 목회신학적인 이론을 만들어가야 앞으로 발전이 있지 않겠느냐고 했다.

사실 이런 지적은 처음 듣는 것이 아니었다. 덴버로 오기 전에 공부했던 에모리 대학의 캔들러 신학대학원에서 로드니 헌터(Rodney Hunter) 교수에게서 익히 들어왔던 것이다. 지금은 은퇴하셔서 명예교수로 계시는 헌터 교수는 미국에서 처음으로 발간한 《목회상담학 사전》의 책임 편찬을 맡았던 분으로, 에모리 대학에서 목회상담신학과 상담학을 가르치고 계셨다.

언젠가 내게 페이퍼의 책 목록을 작성하라고 해서 일반심리학 분야의 자아 연구 관련 연구서적을 잔뜩 적었더니 교수님이 빨간 줄을 그으면서 "심리학자가 되려고 신학대학원에 왔느냐?" 고 하시는 것이었다. 헌터 교수 역시 심리학이 인간의 고통과 절망과 희망을 이야기하는 데 필요한 분석 틀이 될 수는 있지만, 보다 다양한 학문 분야, 즉 사회학과 문화 연구와 철학과 인류학 등에도 관심을 가지라고 권면해 주면서, 무엇보다도 목회자이자 목회상담가로서 인간의 고통과 아픔을 신학적으로 잘 분석하는 것이 중요하므로 조직신학 수업을 많이 들으라고 충고해 주셨다.

과연, 목회돌봄과 상담은 신학이라는 학문 분야의 한 자리를 차지할 만한가? 이 질문은 덴버 대학과 아일리프 신학교에서 심리학과 문화 연구와 신학 관련 과목을 공부하는 내내 내 마음에 질문으로 남아 있었다. 이 질문은 긴 학위 과정을 다 마치고 이제 전문 목회상담가이자 목회상담학자로서의 첫발을 내딛는 나 자신의 개인적인 정체성에 대한 질문인 동시에, 나를 찾아오는 내담자와 교인이 경험하는 인간의 고통과 희망을 어떻게 해석하고 대안을 제시할 것인가에 대한 나의 역할에 대한 질문이기도 하다.

목회돌봄과 상담이 실천신학의 한 부분을 차지해야 한다는 말에는 추호의 의심도 갖지 않고 있다. 즉 일반 교육기관의 심리학이나 상담학이 아닌, 적어도 신학교에서 가르치는 목회돌봄과 상담은 기본적으로 신학적이어야 하며, 또한 '기독교' 라는 이름으로 행하여지는 모든 돌봄의 행위와 상담 역시 신학적인 접근방법을 사용해야 한다고 믿는다.

여기서 '신학적' 이라 함은 인간의 고통에 대한 신학적인 의미를 찾는 것을 의미하며, 신학적인 의미를 찾는다는 것은 인간의 고통과 믿음과 신앙공동체를 통합적으로 연결시켜 분석함으로 개인과 사회와 문화 속에서 함께하시는 하나님의 사랑과 공의를 구체적으로 발견해 가는 과정으로 나는 해석한다.

'목회' 혹은 '영적' 이라는 이름이 들어가지만 주요 방법론이 일반적인 심리학 이론이나 상담 방법론이 된다면 그것은 더 이상 목회 혹은 기독교 상담이라고 부르기 어렵지 않을까. 이것은 다른 실천신학 분야도 마찬가지라고 생각한다. 일반 학문인 설득커뮤니케이션 위주의 설교학을 가르친다거나 일반 교육 방법론 위주의 기독교교육은, 실천적 학문이라고 할 수는 있지만 '신학' 혹은 '기독교' 라는 이름을 붙이기에는 좀 어색할 것이다. 이런 의미에서 현대의 실천신학자들은 커다란 정체성의 위기와 혼돈이라는 도전에 직면해 있으며, 더 큰 책임을 '하나님' 과 '교회' 앞에 느껴야 하는 시대에 살고 있다. 더불어 실천신학의 위기는 현대 신학 교육의 위기라 해도 과언이 아니며, 현대 신학 교육의 위기는 바로 한국 기독교의 질적이고 영적인 후퇴와 아울러 결국 제대로 된 크리스천을 길러내지 못하는 결과를 초래하게 될 것이다.

이 책은 인간 고통의 사회문화적 이슈들을 논의하면서 목회상담학의 최근 패러다임인 공동체적이고 컨텍스트적인 모델과, 바울의 목회와 그의 신학과의 대화를 이끌어냄으로써 인간심리학을 바탕으로 한 전통적인 치료 지향적인 모델에 대한 대안을 제시하고자 했다. 바울은 많은 신학자들은 물론 일반 크리스천들 사이에서도 가장 존경받는 성경 속의 인물이다. 그의 극적인 회개의 경험과 그가 전 생애를 통하여 보여주고 있는 한 인간이자 사도로서의 삶과 목회와 신학은 누구도 흉내내기 어렵다. 바울은, 현대사회에서 목회하고 있는 목회자들에게는 하나님의 마음을 품고, 예수 그리스도의 십자가를 본받으며, 신앙공동체를 돌보는 것이 무엇인지를 웅변적으로 보여주고 있다. 그리고 신앙공동체를 구성하고 있는 성도 한 사람 한 사람에게는 하나님의 진리를 따라 서로 사랑하며, 서로의 아픔과 고통을 돌아보는 진정한 신앙공동체가 무엇을 의미하는지를 21세기를 살고 있는 우리에게 보여주고 있다. 이런 차원에서 이 책이 갖는 중요한 의미는, 목회신학자와 상담 관계자들이 인간 고통을 신학적으로 해석하는 데 있어 중요한 분석 틀을 제공해 주는 바울의 삶과 목회와 신학을 목회상담이라는 측면에서 재조명해 보는 데 있다.

제1장은 인간심리학을 사용한 치료 중심의 목회상담 방법론을 반성하며, 최근에 미국의 목회신학자와 상담가들 사이에서 인정받고 있는 공동체적이고 컨텍스트 중심의 패러다임을 소개한다. 제2장은 바울의 삶과 목회와 신앙을 목회상담적인 관점에서 다루어 보았다. 제3장은 로마서 7장 14-25절에 나오는 바울의 갈등하는 자아를 융의 심리학의 중요한 개념들을 가지고 살펴보았다. 이 장은 어떻게 심리학 이론을 사용해서 바울의 자아를 분석할 수 있는지를 살펴봄과 아울러, 심리학적인 관점의 한계를 통하여 신학적인 접근방법(십자가 신학)의 중요성을 인식하게끔 했다. 제4장과 제5장은 1장에서 설명한 신앙공동체적, 컨텍스트 중심의 패러다임이 구체적으로 어떻게 바울의 목회관과 신학에 부합되는지를 자세히 상술했다. 또한 제6장에서는 바울 신학의 핵심이라고 할 수 있는 십자가 신학

을 중심으로 십자가 목회신학과 상담을 소개하였으며, 제7장에서는 그 전까지 다루었던 바울의 목회상담신학을 바탕으로 목회상담의 개념과 역할을 다시 한 번 정리해 보았다. 그리고 마지막 결론 부분에서는 바울의 저항과 변혁 지향적인 목회와 신학이 현대 목회상담의 예언자적인 기능을 강조하고 있음을 서술하고 있다.

한편으로는, 이 책이 지금도 상처받고 아픔 가운데 있는 이들을 하나님의 사랑으로 성실하게 열심히 돌보고 계신 분들께 누가 되지 않을까 두려운 마음도 있다. 누구에게도 말할 수 없는 개인의 마음속에 담아둔 고통과 절망의 소리를 듣기 위해 일대일로 친밀한 관계를 형성하려고 애쓰는 분들이 이 땅에 많이 있음을 안다. 그러한 일대일 혹은 일대 그룹의 치료방법의 효과와 중요성을 폄하하려는 의도로 이 책을 쓰지는 않았다. 오히려 심리학과 일반 상담 방법론 위주의 대인적인 치료 방법과 사회문화구조와 신학적인 접근 방법 사이의 거리를 좁히고자 하는 것이 이 책을 쓴 나의 목적임을 말하고 싶다. 다만 나의 뜻이 잘 전달되지 않았다면 그것은 전부 나의 표현력의 부족이요, 아직도 더 배우고 알아가야 할 것이 많은 나의 얕은 지식 때문이다.

끝으로, 학자로서의 나의 첫 열매인 이 책이 나오기까지 고마움을 전해야 할 분들이 많다. 먼저 부족한 나에게 이 땅에 많은 상처받고 고통당하는 사람들이 있음을 머리로 알고 가슴으로 경험하게 해주신 하나님께 이 책을 드리고 싶다. 또한 마음이 메마르기 쉬운

학업의 길을 가는 동안 함께 하나님의 눈에 고인 눈물을 보며 기도했던 상처받고 소외된 많은 이들과 내게 자신들의 아픔의 이야기들을 들려 주어 내 눈물샘이 마르지 않도록 도와주었던 워싱턴침례대학교 학생들에게 이 자리를 빌어 고마운 마음을 전하고 싶다. 그리고 오랜 시간이 지났음에도 부족한 제자를 기억하시고 늘 격려해 주시는 에모리 대학 캔들러 신학대학원의 명예교수이자 나의 은사이신 로드니 헌터 교수님과 한국 사람들을 잘 이해해 주시고 보살펴 주셨던 아일리프 신학교의 논문 지도 교수님이자 멘토인 캐리 도어링과 래리 그레이엄 교수님도 잊을 수 없다.

또한, 부족한 책을 기꺼이 출판해 주신 쿰란출판사의 이형규 사장님과 편집부 직원들, 현재 내가 몸담고 있는 워싱턴침례대학교의 동료들에게도 감사의 말씀을 드린다.

마지막으로, 나와 가장 가까운 곳에서, 또 사역의 현장에서 가장 많이 눈물을 흘린 아내 김수진과, 부족한 부모를 만나 여기저기 이사하느라 힘들었음에도 늘 밝고 건강하게 자라 주어서 큰 기쁨이 되었던 기특한 아들 장현민에게 고마움과 존경의 표시로 나의 머리와 가슴에서부터 나온 첫 열매인 이 책을 큰 사랑과 함께 안긴다. 혹 머리가 둔하고 기억이 희미하여 반드시 감사해야 할 분의 이름이 빠졌다면 널리 용서를 구한다.

2010년 2월

버지니아의 작은 아파트에서

■ 차 례

제1장 목회상담의 동향과 정체성 찾기

오래 전에 내가 버지니아 리치몬드에 소재한 유니온 신학교(Union-PSCE)에서 공부할 때였다. 유니온에서의 신학 수업을 마치고 에모리 대학의 캔들러 신학대학원으로 목회상담을 공부하러 가려던 즈음, 한국에서 교환교수로 오셨던 교수님께서 내게 전공이 무엇이냐고 묻기에 목회상담이라고 했더니, 요즘 한국에서도 상담학을 공부하려는 사람들이 아주 많다고 하시면서 전망이 밝은 것 같다고 하셨다.

그 후 나는 목회상담학을 공부하면서 목회상담학이라는 용어와 개념과 목적을 재정립할 필요가 있음을 알게 되었다. 미국뿐만 아니라 한국에서도 목회상담이라는 단어가 다양한 용어로 불리고 있다. 예를 들면, 목회적 돌봄, 기독교 상담학, 성경적 상담학, 영성 상담 등이다.

이 장에서는 목회신학과 돌봄을 바울 신학과 연결지어 생각해 보기 전에 먼저 독자들의 이해를 돕기 위해 목회상담에 대한 개념적인 정의와 함께 미국을 중심으로 벌어지고 있는 목회신학과 상담의 흐름을 간략하게나마 살펴보고자 한다. 한 개념의 정확한 이해와 전반적인 흐름에 대한 이해 없이는 목회상담의 전체적인 주제들을 생각하고 이해하는 데 어려움이 있기 때문이다.

한 가지 밝혀 둘 것은, 여기서 논의하는 것들은 내가 받은 교육과 경험과 주관에 의해 해석된 것이라는 점이다. 나의 기본적인 신학교육은 미국 장로교(PCUSA) 전통과 연관되어 있으며, 또한 미국 연합감리교(UMC) 신학교인 에모리와 아일리프 신학교를 거치면서 신학적 틀과 함께 목회신학, 돌봄 그리고 상담의 정체성을 얻게 되었다. 또한 미국의 목회신학자협회(The Society of Pastoral Theology)의 가입회원으로서 그곳의 목회신학과 상담의 입장을 기본적으로 함께하고 있다. 그러기에 침례교나 그밖의 독립 교단에 속하는 다른 신학교나 그룹의 목회 혹은 기독교 또는 성서적 상담학과는 학문적이나 신학적 입장이 다를 수도 있음을 미리 밝혀 두고 싶다. 그러나 서로 다른 학문적, 신학적, 방법론의 차이에 대해 '다름'(otherness)의 렌즈로 보기보다 '다양성'(diversity)의 입장에서 이해하고 존중하는 것이 반드시 필요하며, 아울러 한국의 역사와 사회와 교회라는 역사적, 사회문화적, 신학적인 맥락에서 재해석하고 재개념화하면서 우리 고유의 목회상담 방법론과 목적을 창조적으로 이루어가기를 기대한다.

목회상담의 개념적 정의

목회신학, 목회돌봄 그리고 목회상담의 개념을 알아보기 전에 먼저 우리는 '목회' (pastoral)라는 말을 생각해 볼 필요가 있다.

목회자가 아닌 일반 신앙인들이나 교회 리더들이 목회신학이나 돌봄 혹은 상담을 말할 때 어려움을 느끼거나 어색해 하는 이유 중 하나는 아마 이 '목회' 라는 단어에 대한 우리의 편견이나 선입견 때문일 것이다. 다시 말하면, '목회' 라는 말을 들으면 누구나 먼저 '안수 받은 목사' (ordained pastor)를 떠올리기 십상이며, 따라서 '목회' 돌봄 혹은 상담은 목사를 비롯한 성직자만이 할 수 있는 일이라고 겁부터 먹는 것이다. 그러나 결론부터 말하자면, 목회상담이나 돌봄은 안수 받은 목사만이 할 수 있는 일은 아니다. 사실 전통적으로 목회상담은 안수 받은 목회자가 교회에서 교인들을 돌보는 전반적인 활동으로 오랫동안 인식되어 왔다. 따라서 목자(shepherd)의 이미지가 목회상담의 주요 이미지로 사용되어 왔던 것이다.

'목회' 라는 단어가 주는 제한적인 역할로 인해 요즘 목회돌봄 제공자와 상담학자들 사이에서 목회돌봄이라는 용어 대신에 신학적 돌봄(theological care) 혹은 영적 돌봄(spiritual care)이라는 말을 사용해야 한다는 목소리가 설득력을 얻고 있다. 즉 영적 상담이라는 용어를 사용함으로써 돌봄과 상담의 행위가 목자(shepherd)로 인식되는 목회자만 해야 한다는 이미지에서 탈피하여 동기 부여가 잘되어 있으며, 영적으로나 지식적으로 잘 훈련받은 평신도 교회 리더들도 교회 내에서 얼마든지 신앙공동체를 살리는 역할을 감당할 수 있는 것이다. 다시 한 번 강조하자면, 목회돌봄이나 상담은 안수 받은 목회자가 교회에서 성도들을 심방하여 고민을 들어 주고, 기도해 주며, 상담하는 것 이상의 의미가 있는 돌봄 행위이다. 즉 도움이 필요한 성도에게 적합한 성경 구절을 읽어 주며 이야기를 들어 주는 차원을 넘어선, 체계적인 이론적 습득과 함께 체계적이고 과학적이며 실제적인 훈련이 필요한 심리사회영적인(psychosocio-spiritual) 통합적인 돌봄의 행위라고 할 수 있다.

이 책에서 나는 목회자를 비롯한 전문사역자가 교회 내외에서 행하는 사역을 의미하는 목회 외에, 목회돌봄과 상담의 컨텍스트에서 목회(pastoral)를, "안수 받은 목회자(ordained pastor)를 비롯한 교회 내의 훈련받은 지도자들이나 크리스천들이 심리적, 정신적, 영적 고통을 당하고 상처받은 이들을 돌보는 모든 돌봄의 행위(practice of care)들"이라고 정의한다.

목회돌봄(Pastoral Care)

목회돌봄은 목회자들을 비롯한 크리스천 지도자들이 교회를 비롯한 기독교 단체가 각자의 기독교 전통과 규범과 경험들을 바탕으로 행하는 모든 돌봄의 사역을 일컫는다. 앞에서도 말했듯이 목회돌봄의 주체는 안수 받은 목회자와 전문적인 교육과 훈련을 받은 평신도 지도자들을 포함한다. 그리고 목회돌봄의 경우 주로 교회 안에서 교인들을 대상으로 교회의 유익을 위하여 행하며, 때로는 교회 외에도 위와 같은 방법과 목적을 위하여 설립한 센터나 기관에서도 할 수 있다. 예를 들면, 알코올중독이나 도박에 빠진 사람들을 기독교 정신을 가지고 돌보는 특수기관들이나 가정폭력으로부터 시달리는 이들의 육체적, 심리적, 정신적 그리고 영적인 부분들을 만져 주는 '쉼터' 등도 돌봄의 행위를 하는 단체라고 할 수 있다.

목회돌봄의 목적은 특정의 심리적, 정신적 충격과 상처를 치료(therapy, cure)하는 것과 아울러 개인이나 가족으로 하여금 자신들이 겪는 위기나 혼란이나 아픔 등을 신앙 안에서 잘 극복하고 이겨나갈 수 있도록 격려하고 도와주는 것이다. 또한 상처와 절망 가운데 빠진 이들이 신학적으로 자신들이 가진 아픔의 의미를 재해석할 수 있도록 돕는 행위이다. 이런 의미에서 목회돌봄은 치료 지향적(therapeutic-oriented)이기보다는 회복(restorative)과 변혁(transformative)을 주 기능으로 삼는다. 교회를 비롯한 종교기관에서의 목회돌봄은 다른 사역들, 즉 기독교교육, 설교학, 예배, 신학과 윤리 그리고 성경 공부 등과 상호 협력하여 이루어진다. 따라서 돌봄의 행위를 흔히 '아트'로 비유하기도 한다 (art of caring).

목회상담(Pastoral Counseling)

목회돌봄과 목회상담을 혼동하여 바꿔 사용하는 경우가 자주 있는데, 엄밀히 말하자면 목회돌봄과 목회상담은 기능과 역할은 비슷하지만 방법이나 목적에 있어서 약간의 차이가 있다. 목회상담은 넓게는 목회돌봄의 사역에 포함되며, 좁게는 목회돌봄에 비해 특별하고 보다 구체적인 돌봄의 행위를 말한다. 앞에서 말했듯이, 목회돌봄의 주체는 목회돌봄의 제공자로 안수 받은 목회자일 수도 있고 전문적인 훈련을 받은 평신도 크리스천일 수도 있다. 그러나 목회상담일 경우 목회돌봄보다 더 전문화된 상담 지식과 훈련을 필요로 한다. 즉 심리치료사나 상담사 등 전문적인 자격증(license)을 소유한 목회자나 기독교적인 영적 접근을 시도하는 평신도들이 행하는 상담을 말한다.

목회자와 내담자가 일대일일 수도 있고 가족 전부가 될 수도 있고 또한 교회 전체가 될 수도 있는, 약간은 추상적이고 넓은 범위의 돌봄의 행위가 목회돌봄이라면, 목회상담은 보다 치료 지향적인 성격을 띠기 때문에 기본적으로 일대일 혹은 그룹 치료를 통해 구체적으로 내담자의 심리적, 정신적, 영적인 문제를 해결하는 데 주 목적을 둔다. 물론 이 경우에도 상담자의 종교적인 전통과 신학 지식이 상담 현장의 기반이 된다. 그러나 목회상담의 경우, 신학적이고 영적인 접근방법 외에도 실제적인 상담기법과 정신심리치료 이론 등이 더 강조되고 많이 사용된다. 실제로 목회상담센터나 연구소의 경우를 보면, 목회상담임에도 불구하고, 기독교적이기는 하지만 주요 관점과 방법론은 각종 심리이론과 치료법 그리고 상담기법인데, 이것은 사람의 내면을 이해하고 치료하는 데 큰 도움을 준다.

목회신학(Pastoral Theology)

목회돌봄과 상담에 이어서 목회신학에 대해서 알아보자. 아마도 이 용어는 한국의 목회돌봄과 상담학계와 종사자들에게 매우 낯설게 느껴질 수 있는 용어라고 생각한다. 목회(pastoral)라는 말과 신학(theology)이라는 단어에서 추측할 수 있듯이 이것은 인간이 경험하는 고통과 아픔과 절망과 소외 현상을 신학적으로 해석하는 것을 의미한다. 물론 학자의 신학적인 배경과 관점에 따라서 여러 가지로 정의되고 해석될 수 있다. 이 책에서는 이것을 "인간 개인과 집단 그리고 생태계에서 발생하는 모든 고통과 절망과 소외 등의 현상을 심리학, 문화 연구 등의 사회과학과 철학과의 학제간(inter-disciplinary) 연구를 통해 신학적으로 재해석하는 과정"이라고 정의한다.

목회신학의 목적은 고통받는 사람을 치유하여 하나님과의 관계를 회복하게 하는 한편, 신앙공동체인 교회가 불의와 억압된 사회구조에 저항하고 이를 변혁시켜 하나님의 사랑과 공의를 실현시키는 것이다. 여기서 신학이라고 하는 것은 연구자의 신학적인 전통과 입장에 따라서 매우 다를 수 있다. 예를 들면, 교단에 따라 로마가톨릭이거나 장로교나 감리교 혹은 침례교나 성결교 신학일 수 있다. 또는 신학적 입장에 따라 개혁신학(reform theology)일 수 있고, 상황신학(contextual theology), 혹은 해방신학(liberation theology)일 수 있다. 더 나아가 다양한 신학자의 신학을 방법론으로 사용할 수 있을 것이다.

그렇다고 목회신학이 목회돌봄과, 목회상담과 별개의 분야는 아니다. 목회돌봄과 목회상담의 현장에서 얻는 삶의 고통과 아픔 그리고 절망 속에서 이해되고 분석되는 것들이 목회신학에 유용하게 사용되기 때문이다. 목회신학은 심리학과 상담학에 치우치고 있는 현재의 추세를 반성하여 목회돌봄과 상담을 신학적으로 분석하고 재해석하고자 노력하는 것이다. 즉 성서신학이 신·구약성경을 연구하며, 조직신학이 하나님과 예수 그리스도 그리고 인간과 창조에 관한 모든 교리(doctrine)를 다룬다면, 목회신학은 인간의 아픔과 고통을 신학이라는 학문을 바탕으로 창조적이고 건설적으로 재해석하고자 한다. 이런 의미에서 목회신학자들은 목회신학이 신학에 속해 있는 학문의 한 분야로서 역할을 하기 위해서는 심리학의 전통에서 벗어나야 한다고 강하게 주장하고 있다.

이상과 같이 목회돌봄과 목회상담, 그리고 목회신학의 개념에 대해서 알아보았다. 개념 정리에 이어서 앞으로 목회신학과 돌봄 그리고 상담의 과거와 현재에 이르기까지 중요한 흐름에 대해서 알아보도록 하자.

비판적 고찰 : 살아 있는 인간 문서(Living Human Document)부터 살아 있는 인간 거미줄(Living Human Web)까지

살아 있는 인간 문서와 살아 있는 인간 거미줄 비유를 통해서 많은 목회신학자들, 목회상담가와 목회심리학자들은 인간이 경험하는 고통과 갈등과 아픔에 잠재해 있는 복잡성과 역동성을 묘사하고 분석하기 위한 다양한 목회신학과 돌봄 그리고 상담의 관점과 방법론 등을 연구하며 발달시켜 왔다.

'살아 있는 인간 문서' 라는 비유를 통해 구체적인 인간의 경험과 기독교 신앙체제의 연결과 통합을 최초로 시도한 사람은 안톤 보이젠(Anton Boisen)이다. 보이젠은 성경이나 기독교 교리와 예배를 비롯한 의례에서뿐 아니라 구체적인 인간의 삶 속에서 경험하는 모든 사건들을 통해서도 하나님의 임재와 도우시는 손길을 느끼고 경험할 수 있다고 믿었다.

수련의들이 교실에서 책과 이론으로 배운 머릿속에 든 지식들이 병원에서 원목으로 일하면서 실제 환자들을 대상으로 경험함으로써 '실천적 지식' 으로 성장해 갈 수 있다는 것을 보게 된 그는, 사람들의 영혼을 돌보는 목회자가 될 신학생들에게도 그와 같은 실제적인 임상 경험이 큰 도움을 줄 수 있으리라고 확신했다. 즉 신학생들이 학교에서 배운 여러 가지 신학적인 전통과 이론과 의식들이 실제적인 '사람들의 삶' 속에서 보다 어떻게 구체적으로 이해될 수 있는지, 더 나아가 구체적인 삶의 현장에서 새로운 신학 이론을 발전시킬 수 있으며, 하나님과 인간 사이의 진정한 화해가 이루어질 수 있다고 믿었던 것이다.

보이젠의 '살아 있는 인간 문서'의 비유에 있어서 중요한 것은, 그가 병원 원목의 가장 기본적인 역할로 환자들을 돌볼 뿐만 아니라 그러한 임상 경험을 통하여 자기 자신을 더 잘 알 수 있다는 데 있다. 이를 위해 그는 대화록(verbatim)을 중요시했다. 사실 대화록은 보이젠이 처음 시작한 것이 아니라, 그와 동시대 사람인 러셀 딕스(Russel Dicks)가 시작했다. 그러나 임상목회교육(CPE, Clinical Pastoral Education)을 신학적 교육으로 보편화하며 발전하는 과정에서 대화록을 도입하고 강조한 것은 보이젠이었다. 이와 같은 의미에서 보이젠은 임상목회교육의 창시자로 알려졌고, 임상목회교육은 1960년대 이후 목회돌봄과 상담 분야에 큰 영향을 미쳐왔다.

그러나 심리 혹은 정신치료를 강조하는 보이젠의 '살아 있는 인간 문서' 비유에 바탕을 둔 임상목회교육은 인간에게 아픔과 고통을 주는 사회적인 컨텍스트와 힘과 정의 등 목회돌봄과 상담에 있어서 사회구조적인 문제들에 대한 신학적 해석을 강조하는 일단의 목회신학자들에 의해서 비판과 도전을 받아왔다. 즉 임상목회교육은 상담자와 환자의 일대일 상담으로 말미암아 환자의 개인적인 심리적 현상에 내재해 있는 억압적이고 불의한 여러 가지 환경에 대한 예언자적(prophetic) 기능이 결여되어 있다는 것이다.

이러한 비판적 상황 속에서 나온 비유가 바로 '살아 있는 인간 거미줄'(living human web)이다. 이 비유는 여성 목회신학자인 보니 밀러 맥리모어(Bonnie Miller-McLemore)가 목회돌봄과 상담에 있어서 개인적인 차원보다 더 넓은 사회문화적인 구조와 체제의 중요성을 묘사하기 위해서 1980년대에 사용하기 시작했으며, 보이젠의 '살아 있는 인간 문서'와 자주 비견되는 비유로 지금까지도 목회신학자들과 목회돌봄과 목회상담 종사자들 사이에서 설득력 있게 받아들여지고 있다. 맥리모어는 현대사회에서 진정한 돌봄은 '인간 문서'(human document)의 의미를 개인적인 차원이 아니라 거미줄처럼 복잡하게 얽힌 공공의 장(public web) 안에서 살아가는 존재로 이해해야 한다고 주장한다. 즉 "치료가 필요한 모든 문제들은 대 인간의 문제나 개인적인 심리적 차원에 국한되는 것이 아니라 항상 더 넓은 공공의 컨텍스트 안에서의 이데올로기와 구조 안에서 발생한다"[1] 고 말하면서 개인적인 일대일 심리나 정신치료방법의 한계를 지적한다. 간단히 말하면, 맥리모어는 웹 이미지를 사용하면서 보이젠의 '살아 있는 인간 문서'를 비판적으로 재해석하고 있는 것이다.

맥리모어의 '살아 있는 인간 거미줄' 비유는 목회신학자들과 목회돌봄 제공자들로 하여금 그들의 관심을 개인적인 심리적, 정신적 치료를 비롯한 개인의 웰빙(well-being)에서 관계적인 인간 웹의 건

1 Bonnie Miller McLemore, "Pastoral Theology as Public Theology," in *Pastoral Care and Counseling: Redefining the Paradigms*, ed. Nancy Ramsey (Nashville, TN: Abingdon Press, 2004), p.51.

강, 다시 말하면 공공의 건강(health of public)으로 확대하는 데 공헌하고 있다. 좀 더 구체적으로 표현하자면 밀러 맥리모어는 자신의 비유를 통하여 인간의 고통과 인간관계를 개인적인 차원을 넘어서 보다 넓은 공공의 차원으로 해석하는 데 효과적인 이론적 틀을 제공한다.

살아 있는 인간 거미줄 비유 아래서 많은 목회신학자들은 목회돌봄과 상담을 행하는 데 있어서 개개인이 속한 사회적 위치(social location), 힘(power), 인간 사이의 상이점(difference) 그리고 정의(justice) 등의 이슈에 대해서 언급하기 시작했다. 예를 들면, 일단의 유럽계 미국 백인 여성 목회신학자들은 가부장제도(patriarchy)의 문제와 죄악된 결과들을 조명하기 위해 페미니즘 이론과 신학을 이용했다(Bonnie Miller-McLemore, 1991; Neuger, 1991; Saussy, 1991; Doehring, 1996; Gill-Austern, 1996). 또 다른 목회신학자들은 남용되고 불평등한 힘과 부정 등을 인간의 고통과 갈등의 중요한 요인으로 언급하며 연구하기 시작했으며(Poling, 1991; Graham, 1992; Pattison, 1994), 유럽계 백인뿐만 아니라, 흑인 목회신학자들은 인종차별주의(racism)를 재조명하는 가운데 인종차별주의를 사회문화적 악이라고 간주했다(Wimberley,1979; Smith, 1993; Watkins-Ali, 1999; Ashby, Jr., 2003). 이러한 현상들은 모두 개인적 자아의 정체성의 혼란과 인간의 고통과 아픔은 역동적이고 복잡한 사회문화적, 정치경제적 시스템과 구조와는 다른 별개의 문제로 다루어서는 안 된다는 것을 보여주는 좋은 예들이다.

'살아 있는 인간 문서' 처럼 맥리모어의 '살아 있는 인간 거미줄' 비유도 많은 장점과 한계를 동시에 가진다. 사실 1980년대에 살아 있는 인간 거미줄 비유가 나온 후로 이 비유는 미국 목회신학계에서 비판적이고 창조적으로 재조명될 기회가 없었다. 이 비유는 여전히 유효한데, 그 이유는 현대사회가 1980년대보다 훨씬 더 빠르게 변모해 가고 있고, 인간관계 역시 매우 복잡하게 이루어가고 있으며, 그 안에서 복잡하고 다양한 형태의 고통과 억압과 폭력과 비인간화의 현상들이 나타나고 있기 때문이다.

그러나 나는 살아 있는 인간 거미줄 비유는 재조명되어야 한다고 생각한다. 한 웹 안에서 거미줄 하나하나가 서로 연결되어 있는 것처럼 우리 인간도 개개인뿐만 아니라 한 사회 시스템과 구조 속에서 서로 연결되어 있다. 따라서 전체적인 맥락 안에서 인간이 경험하는 온갖 고통을 분석하는 것은 매우 의미심장한 접근방법으로 의심의 여지가 없을 것이다. 그럼에도 불구하고 우리는 살아 있는 인간 문서나 살아 있는 인간 거미줄이 모두 유럽계 백인 출신 미국인 목회신학자에게서 나왔다는 것을 주목할 필요가 있다. 다시 말하면, 보이젠과 맥리모어 모두 기본적으로, 사회문화적으로, 정치경제적으로 특권 (privilege)을 누리는 인종 그룹 출신이라는 것이다. 앞에서도 말했듯이, 보이젠이 인간의 삶 속에서의 경험을 통해서 하나님의 사랑과 돌보심을 경험할 수 있다고 주장함으로 인간의 고통과 영적 존재인 하나님을 연결시켜 종교적인 전통과 틀을 넘어섰다는 점에서는 중요하지만, 사회의 억압적인 구조로 인해서 발생하는 인간의 고통, 예를 들면 흑인과 여성을 비롯한 사회의 약자 그룹에 대해서는 그다지 심도 있게 다루지 않았다. 이러한 보이젠의 한계를 인식한 맥리모어는 거미줄 비유를 통하여 보다 거시적인 관점에서 인간의 고통과 소외현상을 분석하려고 시도했다. 즉 거미줄

이 서로 긴밀하게 연결된 관계를 통하여, 인간의 자아가 홀로 독립된 존재가 아니라 거미줄처럼 개개인이 연결되어 있는 관계적인 존재임을 강조한 것이다.

여기서 나는 하나님의 형상을 따라 창조된 인간관계의 원래적인 성격을 깊이 성찰해야 할 필요가 있다고 생각한다. 다른 말로 말하자면, 거미줄 비유는 복잡하고 역동적인 인간관계를 잘 묘사하고 있지만 인간 존재의 신학적, 성서적 의미, 즉 하나님의 형상을 따라 창조된 생명을 가진 인간상을 잘 반영하고 있지는 않다는 것이다. 한 예로, 거미집의 한 줄이 끊어졌다고 해도 같은 거미집 안에 있는 반대쪽의 거미줄은 여전히 팽팽함을 유지한 채 존재한다. 비록 거미줄 사이의 팽팽함은 좀 약해졌다 하더라도, 다른 한쪽이 끊어져서 고통당하는 것을 인식하지 못한 채 끊어지지 않은 다른 쪽은 여전히 자신들의 강함을 유지할 수 있다.

대니얼 밀리오레(Daniel Migliore)는 "인간이 하나님의 형상으로 창조되었다는 것은 인간과 다른 모든 창조물들과의 상호 존재 속에서 진정한 정체성(identity)를 발견할 수 있다는 것을 의미한다"[2]라고 말한다. 그러나 우리 인간이 서로 연결되어 있다는 것을 인식하는 것만으로는 불충분하다. 더 나아가 다른 사람들이 인간이기 때문에 우리도 인간이 될 수 있다는 미글리어의 인간론은 맥리모어의 '살아 있는 인간 거미줄' 을 보다 발전시킬 필요가 있음을 우리로 인식하게 한다. 즉 목회돌봄과 목회상담의 맥락에 비추어 보면, 한 사람이 고통받으면 다른 사람도 고통받을 수 있으며, 한 사람의 고

2 Daniel L. Migliore, *Faith Seeking Understand* (Grand Rapids, MI: William B. Eerdmans Publishing Company, 1991), p.125.

통으로 말미암아 공동체 전체가 온전한 생명력을 발휘할 수 없다는 인식이 필요하다는 것을 뜻한다고 볼 수 있다.

여전히 보이지 않는 백인의 힘이 존재하는 미국 사회에서 얼마나 많은 백인들이 흑인이나 아시안 또는 히스패닉(스페인계) 등과 같은 소수 인종들의 고통과 아픔을 대할 때 같은 거미집 안에 있는 동류의 거미줄이라고 생각하겠는가. 아직도 많은 백인들은 사회문화적으로 소외받는 계층들의 고통과 절망은 그들만의 것이라고 외면하고 있는 것이 현실이다.

한국 사회에서 벌어지고 있는 자살과 살인, 어린이 성폭행 등도 예외일 수 없을 것이다. 연예인 한 사람의 자살 그리고 나 아닌 다른 사람이 죽어간다는 것, 자기 자식이 아닌 이웃의 아이가 당한 성폭행 등과 같은 사회문화적인 병리현상이 단지 내 자신의 문제가 아니라고, 혹은 그저 내 아이도 그런 사회악의 피해자가 될 수 있다는 관념적인 생각만으로는 불충분하다. 그런 특정한 폭력과 살인 등의 죄악된 행동에 의한 피해자들의 아픔과 눈물이 바로 나 자신, 내 가족, 더 나아가 우리 사회의 아픔과 눈물이라는 깊은 인식이 우리에게 필요하다는 것을 의미한다.

만일 그렇다면 목회신학과 목회돌봄 그리고 목회상담에 있어 억압적인 힘과 부정 등의 역할을 강조하는 목회신학자들에게는 '살아 있는 인간 거미줄' 의 한계를 보완해 주는 하나님의 사랑과, 공의 안에서 형성되는 참된 생명력을 주는 '관계적 인간관'(life-giving power of relational humanness)을 표현할 수 있는 다른 비유가 필요하다. 이런 의미에서 나는 인간 존재의 '연결성' 만을 강조한 도식적인 '살아 있는 인간 거미줄' 을 대신할 새로운 비유가 필요하며, 그것을 '살아 있는 인간 세포'(living human cell)라고 이름 붙이고 싶다.

우리 몸 안에는 무수히 많은 세포들이 있어 각기 그 기능을 담당함으로 우리 몸이 움직이고, 일하며, 생각하고, 건강을 유지할 수 있다. 각 세포 하나하나가 우리 몸에 생명을 주는 역할을 하는 것이다. 아주 조그마한 세포 하나라도 제대로 역할을 하지 않으면 우리 몸이 병들 수도 있다. 특히 암세포는 자기뿐만 아니라 다른 건강한 세포들까지도 병들게 하며 결국 우리 몸 전체에 돌이킬 수 없는 치명적인 결과를 가져다준다. 다른 말로 말하면, 세포 하나의 역기능은 우리 몸 전체의 시스템을 파괴하는 것이다. 이런 의미에서 우리 몸을 이루고 있는 각 세포들은 다른 세포들이 건강하기 때문에 각자의 기능을 잘할 수 있다고 말할 수 있다. 결국 아무리 작고 약할지라도 하나의 세포도 다른 세포들로부터 소외당하거나 무시당하거나 과소평가될 수 없다. 모든 세포들은 전체 몸에 생명을 주는 필수불가결한 것이다. 즉 모든 세포들은 서로 연결되어 있을 뿐만 아니라 전체 몸에 생명을 주기 위해 서로 일하는 것이다.

위의 세포의 비유에서도 알 수 있듯이, 나는 '살아 있는 인간 세포'의 비유가 하나님의 형상을 따라 창조된 인간 안에 내재해 있는 '온전함'(wholeness)의 회복과 동시에 생명을 유지하게 하는 인간관계의 특징을 더욱 잘 묘사할 수 있다고 믿는다. 교회가 왜 이 땅의 무너진 윤리의식과 부의 불균형, 동성애, 환경문제 등에 더 목소리를 내고 관심을 기울여야 하는가. 단지 교인들이 겪는 고통과 절망이 사회문화 시스템에 거미줄처럼 연결되어 있기 때문이기도 하지만, 더 중요한 것은 단순한 '관계성' 때문이 아니라 우리 모두가

'관계성' 안에서 '생명' 을 공유하기 때문이다. 나와 고통받고 있는 사람이 같은 교인이라는 관계성 때문에 그의 아픔에 동참하는 것이 아니라, 그의 고통과 더불어 그러한 고통을 낳는 사회문화적인 죄악으로 인해 신앙공동체에 생명을 주시기 원하시는 하나님의 사랑과 공의를 보지 못하게 하기 때문이다.

마무리하면, '살아 있는 인간 세포' 비유는 인간을 비롯한 모든 자연 생태계와의 단순한 연결성 혹은 관계 그 자체 이상의 '생명' 을 주는 관계의 본질적 의미와 그의 회복을 강조한다. 생명을 중심으로 관계의 본질적 의미를 강조하는 '살아 있는 인간 세포' 는 특히 폭력적이고 억압적이며 소외당하는 힘 없는 이들과 망가지고 있는 환경에 대해 교회를 비롯한 신앙공동체가 더 관심을 가지고 돌보는 사랑의 실천을 하도록 적극적으로 격려한다. 그들이 우리의 형제요 자매요 같은 피조물이기 때문이기도 하지만, 더 나아가 부조리와 부패와 불의 등 죄악된 사회구조와 체제는 인간과 인간, 인간과 자연 사이에 하나님께서 나타내 주신 생명을 파괴하는 결과를 가져오기 때문이다.

세 가지의 주요 목회상담 패러다임

앞에서 중요한 개념의 정의와 함께 그동안 목회돌봄과 목회상담을 이끌어왔던 중요한 비유들을 비판적으로 분석해 보았다. 다음으로는 목회상담 분야의 중요한 패러다임들에 대해서 각각 살펴보자. 이를 위해 최근 미국의 여성 목회신학자 낸시 램지(Nancy Ramsey)가 소개한 유형 중 대표적인 세 가지 유형인 1) 치료 중심의 패러다임(clinical pastoral paradigm), 2) 신앙공동체적, 컨텍스트 중심의 패러다임(communal contextual paradigm), 3) 문화간 패러다임(intercultural paradigm)을 중심으로 살펴보도록 하자. 이러한 패러다임의 특색을 살펴봄으로써 연예인들을 비롯한 한국 사회에 만연한 자살, 성폭력과 가정폭력과 학교폭력 등, 한 개인은 물론 시스템으로서의 우리 사회가 안고 있는 부조리한 현상들이 어떻게 목회상담이라는 실천학문의 렌즈를 통해 그 대안이 제시될 수 있는지를 아울러 살펴보도록 하겠다.

치료 지향적 목회상담 패러다임(Clinical Pastoral Paradigm)

치료 지향적 패러다임은 목회돌봄과 상담 분야에서 주로 사용되어 왔던 심리, 정신, 혹은 영성 치료 중심의 전반적인 모델을 일컫는다. 이 패러다임은 클리닉 분야에서 전문적으로 훈련받은 개인 상담가들의 모든 상담의 행위들을 대상으로 한다. 또한 목회자가 상담을 하는 경우 그 주요 목적이나 지향점이 내담자 개인의 문제나 가정의 문제 해결(solution)에 초점이 맞춰져야 한다는 전통적인 상담의 개념이 지배하는 패러다임이다.

대부분의 상담가들은 권위 있는 기관으로부터 상담 자격증을 받아야만 정식으로 상담가로서 활동할 수 있는데, 미국에서 대표적인 치료 중심의 목회상담 자격 인증 기관으로는 ACPE(The Association for Clinical Pastoral Education)와 AAPC(The American Association of Pastoral Counselors)가 있다. 이 두 기관을 이루는 대표적인 그룹은 지역교회를 목회하는 목사라기보다는 병원이나 학교를 비롯한 기관목사(chaplain)와 개인적으로 혹은 목회상담기관에서 사역하는 목회상담가(pastoral counselor)들이다. 미국에서 목회돌봄이나 상담으로 박사학위를 취득하여 현재 한국에서 활동하고 있는 교수나 상담 전문가들 가운데 이 두 기관에서 인증받은 분들도 종종 있다.

위에서 말한 ACPE나 AAPC 외에도 임상이나 상담 현장에서 보다 기독교적이고 복음적인 접근방법을 사용하는 AACC(American Association of Christian Counselors)가 있다. AACC는 효과적인 심리나 정신치료방법이나 모델보다는 복음적이고 기독교적이며, 성서에 입각한 신앙에 헌신적인 상담가들로 구성되어 있다. 따라서 보다 개혁적이고 포스트모더니즘적인 인간관과 신앙관으로 상담에 접근하는 ACPE나 AAPC에 비해서 AACC는 자아나 사회문화에 대한 인식, 그리고 윤리에 있어서 보다 보수적이고 근본적인 입장을 취한다.

한편 이 패러다임에서 전통적으로 주로 사용하는 주제로는 목회적인 분석, 윤리, 용서, 희망, 영성 그리고 문화 차이 등이 있다. 이외에도 이야기 이론(narrative theory), 자아심리학(self psychologies)과 시스템 모델 등이 있다. 그러나 1980년대 이후 미국의 사회와 문화, 정치와 경제 등에서 급격한 변혁를 경험함에 따라 AAPC와 ACPE 내부에서도 내담자를 인식하고 치료하는 방법에 많은 변혁를 시도하고 있는 중이다. 즉 임상과 상담 훈련을 받는 학생들이 인종별, 성별로 다양해지고 있으며, 그들이 목회하고 상담해야 할 컨텍스트가 예전과는 달리 빠르게 변모해 감에 따라서 임상치료적인 기술은 물론 내담자가 경험하는 고통과 아픔과 상실 속에 담겨져 있는 모든 문제들을 신학적, 영적으로 통합할 수 있는 능력에 더 중점을 두고 있는 것이다. ACPE 교육 역시 환자의 개인적인 문제들이나 장기간에 걸친 환자와의 상호관계보다는 의료윤리나 다문화 접근방법, 내담자나 환자들 사이에서 볼 수 있는 종교적 다원주의에 대처하는 능력 등에 전보다 훨씬 더 많은 관심을 기울이고 있다.

요약하면, 비록 치료 중심의 패러다임이 환자 개인이나 가족을 돌보는 데 있다 하더라도 심리정신치료요법이나 상담이론 그리고 대상관계이론 등 전통적인 방법에 의존하기보다는 원목이나 목회상담가들로 하여금 자신들의 치료접근방법에 보다 넓고 다양한 안목을 키워 줄 수 있는 이론과 모델을 개발해 가는 추세이다. 더 나아가 상담가 스스로가 자신들의 치료방법에 알게 모르게 받아들이며 사용하고 있는 사회문화적인 가치와 규범들을 비판적으로 인식해야 한다는 흐름은 이미 거스를 수 없는 시대적인 사명이 되고 있다고 할 수 있다.

신앙공동체적, 컨텍스트적 패러다임(Communal Contextual Paradigm)

"신앙공동체적, 컨텍스트적 패러다임은 목회돌봄을 하나님이 우리에게 행하신 일을 기억하며, 하나님의 백성으로서 우리 자신이 누구인지를 기억하고, 우리가 사역하는 대상자들의 이야기를 들어 주며 기억함을 통해서 행하는 기독교 공동체의 사역이다"[3]라고 존 패튼 (John Patton)은 말한다. 패튼이 말하고 있듯이, 현대의 목회신학

3 John Patton, *Pastoral Care in Context* (Louisville, KY: Westminster/ John Knox Press, 1993), p.15.

자들과 상담가들은 기독교 공동체의 돌봄의 역할과 동시에 목회돌봄과 상담에 있어서 그 관계성의 중요성을 잘 인식하고 있다. 신앙공동체적, 컨텍스트적 목회상담 모델은 신앙공동체로서의 회중(congregation)의 적극적이고 주체적인 돌봄의 역할과 인간의 고통과 아픔을 낳는 사회문화적, 정치경제적 컨텍스트를 분석의 틀로 삼는다. 다른 말로 하면, 오늘날 목회신학자들과 목회돌봄 종사자들은, 돌봄과 상담은 개인적인 치유 전문가와 목회자뿐만 아니라 교회를 비롯한 신앙공동체가 바로 그 주체가 될 수 있다고 강조한다.

또한 인간의 고통을, 지배적이고 비인간적이며 불공평한 인간관계와 컨텍스트와 연관지어 분석하고자 노력한다. 예를 들면, 요즘 우리 사회에 줄을 잇고 있는 연예인들의 자살을 연예인 한 사람의 개인적인 심리적, 경제적 혹은 가정적인 문제로만 국한시키기보다는 한 연예인을 둘러싼 다양한 사람 혹은 집단들과의 관계 속에서 원인을 찾고 치유와 회복의 방법을 모색하는 것이다. 한마디로 말하면, 신앙공동체적이고 컨텍스트 중심적인 목회신학과 돌봄과 상담 모델은 오랫동안 지배해 왔던 현대 심리학의 심리치료적이고 클리닉 중심의 모델의 한계에 대한 비판적 검토에서부터 나왔으며, 급변하는 사회문화적, 정치경제적 환경의 변혁에 대해 당연히 대처해야 할 반응이라고 할 수 있다. 이 패러다임에 대해 좀 더 알아보도록 하자.

먼저 이 모델에서 교회(church) 혹은 회중(congregation)은 안수받은 전문 목회자의 돌봄의 대상 혹은 돌봄의 수혜자의 입장에서 벗어나 돌봄과 치유의 주체로서 재인식되고 있다. 신앙공동체적 컨텍스트 패러다임은 "공동체가 돌봄의 행위를 행할 수 있도록 격려해 주며 힘을 실어 주는 신앙공동체적 컨텍스트"[4]를 강조한다. 영국의 실천신학자이자 목회신학자인 엘레인 그레이엄(Elaine Graham) 역시 목회신학에 있어서 목회자적인 패러다임(clerical paradigm)의 틀에서 벗어나야 할 것을 강조하고 있다. 그녀는 "목회신학의 적절한 주 대상은 회중(congregation)에 대한 윤리적인 교육이나 목회자의 활동이 아니다. 목회신학은 신앙공동체 모두가 함께 갖는 전체적인 사역이 되어야 한다"[5]라고 말한다. 이런 맥락에서 목회자는 성도를 돌보는 개인적인 전문가로서뿐만 아니라 신앙공동체가 돌봄의 네트워크를 형성하고 유지하도록 도와주는 협력자인 셈이다.

앞에서 언급한 바 있는 맥리모어는 이러한 최근의 목회돌봄과 상담의 현상을 회중 연구(congregation studies)와 연결하여 설명하고 있다. 그녀는 "기본적으로 목사와 상담자로만 이루어지는 일대일 상담과 목회자의 전문성에 과도하게 의존하는 것의 한계를 인식하는 가운데, 각 신학교의 목회돌봄과 상담 커리큘럼은 갈수록 어떻게 하면 회중들로 하여금 돌보는 역할을 잘 감당하게 할 수 있는지를 강조하는 경향이 있다"[6]고 말하며 회중의 역할을 강조하고 있

4 Nancy Ramsay, "A Times of Ferment and Redefinition," in *Pastoral Care and Counseling: Redefining the Paradigms*, ed. Nancy Ramsay (Nashville, TN: Abingdon Press, 2004), p.176.

5 Elaine Graham, " Practical Theology as Transforming Practice," in *The Blackwell Reader in Pastoral and Practical Theology*, ed. J. Woodward & Stephan P (Malden: Blackwell, 2000), p.109.

6 Miller McLemore, "The Living Human Web: Pastoral Theology at the Turn of the Century," in *Through the Eyes of Women: Insights for Pastoral Care*, ed. J. Stevenson Moessner (Minneapolis, MN: Fortress Press, 1996), p.14.

다. 패튼 또한 신앙공동체와 목회돌봄 제공자가 함께 협력해야 함의 중요성을 다음과 같이 역설하고 있다.

> 신앙공동체적 컨텍스트 패러다임의 중요한 전제 중의 하나는 목회돌봄의 강력한 힘은 개인적인 목회자 한 사람이 아니라 신앙공동체가 돌봄을 제공하는 순간이다. 목회돌봄의 제공자는 돌봄의 공동체가 지니는 강점과 축복 그리고 자신이 다른 이들을 위해 공동체를 통하여 돌보는 역할을 할 수 있다는 확신을 가지고 이 일을 감당할 수 있다. 자신을 돌보는 것과 공동체 안에서 다른 사람을 돌보고 섬기는 것은 전혀 별개가 아니라 서로 상충되는 것이다.[7]

교회를 비롯한 신앙공동체의 주체적인 돌봄의 역할을 강조하는 한편, 공동체적 컨텍스트 패러다임은 앞서도 말한 바 있지만 돌봄과 상담의 행위에 있어서 관계적인 경험을 낳는 보다 넓은 공적인 구조와 정치적인 차원을 고려해야 한다고 강조한다. 패튼은 최근의 목회신학과 목회돌봄을 실천하는 데 있어 가장 중요한 컨텍스트로 인종(race), 성(gender), 사회계급(class), 문화(culture)와 힘(powe)을 들고 있다. 한편 컨텍스트를 중요시 여기는 이유의 밑바탕에는, 인간은 홀로 존재하는 개인적인 존재(individual being)가 아니라 한 개인이 속해 있는 사회와 문화와 접촉하고 상호관계를 통하여 존재할 수 있는 관계적 존재(relational being)라는 인간에 대한 이해의 변혁을 반영한 것이다. 인간의 자아는 문화와 역사 속에서 파생된

7 John Patton, *Pastoral Care in Context* (Louisville, KY: Westminster/ John Knox Press, 1993), p.15.

사회적 부산물이며, 사회 속에서 존재하는 관계적, 컨텍스트적 성격인 것이다. 이런 의미에서 한 개인이 겪는 고통과 좌절과 아픔은 그의 개인적인 성격장애나 심리정신적인 장애에서 오는 것이 아니라 사회구조 속에서 기인한다고 보는 것이다.

미국의 예를 들면, 흑인 목회신학자인 아치 스미스(Archie Smith)는 미국에서 인종차별로 많은 고통을 겪고 있는 흑인들의 내적인 해방과 외부의 개혁을 논하기 위해 '관계적 자아' (relational self)라는 용어를 사용했다. 그는 전통적으로 흑인교회와 목회자들 사이에서 주로 사용되어 왔던 개인주의적인 목회 패러다임에 도전하면서, 치료(therapy)에 있어서 관계성과 공동체적인 자아의 중요성이 얼마나 큰지를 강조하고 있다. 그는 목회에 있어서 기독교 사회윤리와 치료를 함께 사용한다고 말하는데, 그의 방법론의 주요 목적은 바로 억압적이고 불평등한 미국의 사회문화적 시스템과 구조에서부터 가난하고 억압받고 있는 흑인들의 해방이다. 또한 목회상담신학자인 래리 그레이엄(Larry Graham) 역시 스미스와 같은 맥락에서 시스템적 접근방법을 주장하며, 인간의 개인적인 심리(psyche)와 사회, 문화와 자연을 포함한 환경과의 역동적인 상호연관성을 강조한다. 그는 개인적인 문제의 해결이나 대인관계 지향적인 목회돌봄의 한계를 재조명한 뒤, 인간의 개인적인 심리와 모든 살아 있는 것들 사이의 생태계적이고 시스템적인 관련성 사이에 점증하는 갈등과 긴장을 실제적으로 해결하기 위해 심리시스템(psycho-system)이라는 용어를 사용하고 있다.[8]

8 더 관심 있는 독자들은 다음의 책을 참조하기 바란다. Larry Graham, *Care of Persons, Care of Worlds* (Nashville: Abingdon Press, 1992).

사실 오늘 우리가 사는 이 세상은 하루가 다르게 변해 간다. 1960년대나 1980년대를 거치면서 세상이 너무 달라졌다고들 하는데, 21세기를 사는 요즘은 매일매일 너무도 많은 것들이 사회와 문화 속에서 생성되는가 하면 사라지고 있다. 그러한 변혁과 비례해서 우리가 겪는 고통과 어려움과 아픔 역시 전과는 비교할 수 없을 정도로 복잡하고 다양하며, 이해하기 힘든 상황 속에서 발생하는 것 또한 부인할 수 없다. 이런 상황에서 교회도 성도 한 사람 한 사람이 겪는 어려움들을 단지 개인적인 심리적, 정신적, 영적 문제로만 판단하거나 해결하려고 하기보다는 사회문화적, 정치경제적인 면 등을 통합적으로 이해하고 분석하려는 방법이 더 효과적일 것이다. 따라서 오늘날 목회를 하고 목회돌봄과 상담의 사역에 종사하려는 사람들은 하나님과 인간을 성서적으로 올바르게 이해할 수 있는 신학적 지식과 영성 외에 심리학, 사회학, 문화연구, 철학 등에 대한 바른 이해를 가질 수 있도록 늘 연구하고 자신의 계발을 위해 끊임없이 노력해야 한다는 거룩한 부담감을 깊이 인식해야 하는 시대적 사명 앞에 놓여 있다고 볼 수 있다.

문화간 패러다임(Intercultural Paradigm)

문화간(intercultural)이라는 용어는 흔히 다문화(multicultural)라고도 불린다. 엄밀히 말하면, 이 두 용어는 구분해서 사용해야 하는데, 여기서는 클리닉과 상담 현장에서 다양한 문화의 차이를 존중하고 이해해야 한다는 차원에서 굳이 구분하지 않겠다. 먼저 문화간 패러다임은 미국 내의 흑인과 아시안 목회신학자와 목회상담가 그리고 실용주의적이고 기능주의 경향이 있는 미국의 학풍과는 다른 구조주의적인 관점을 주로 지향하는 영국을 비롯한 유럽에서 시작되었다. 물론 미국 내의 유럽계 백인 목회신학자 가운데서도 목회돌봄과 목회상담에 있어서 문화간 이해의 중요성을 심각하게 인식하는 그룹이 없지 않은 것은 아니다.

문화간 패러다임은 목회상담가들이나 슈퍼바이저들이 내담자나 환자들을 대할 때 그들이 갖는 문화적인 독특성과 차이점을 의식해야 한다는 것이다. 문화의 독특성과 차이를 언급할 때 문화간 패러다임은 두 가지를 지적한다. 하나는, 상담가들이나 슈퍼바이저들 자신이 가지고 있는 문화적 규범이나 고정관념을 비판적이고 의식적으로 인식해야 한다는 것이다. 다른 하나는, 환자들 차원에서 그들이 갖는 독특한 문화에 대한 이해를 말한다. 미국에서 문화간 패러다임을 전자에 적용시킬 때 자주 등장하는 용어는 바로 '특권'(privilege)과 '편견'(prejudice)을 비롯한 '고정관념'(stereotype)이다. 특히 유럽계 백인 상담가나 슈퍼바이저가 흑인이나 아시안 등 소수인종 출신 환자나 내담자를 대할 때 자신들이 갖는 인종적인 특권을 비판적으로 인식해야 한다는 것이다. 만일 그렇지 못할 경우 자신들이 가지고 있는 문화적이고 인종적인 고정관념들이 상담과 클리닉의 과정에서 불필요한 역기능으로 작용하는 것이다.

이러한 인식은 교회 현장에서도 마찬가지로 적용된다. 목회자들이 목회 현장에서 상담을 행할 때 알게 모르게 형성되고 있는 그릇된 '하나님의 종' 혹은 '치유의 종' 의식을 가질 수 있다. 그러한 의식이 목회자의 마음에 내재해 있는 한 돌봄이나 상담은 쌍방향적인 치유의 과정이 아니라 자신의 종교적인 힘과 성도들과 비례해서 높은 교회 내에서의 자신의 위치를 이용한 일방적인 권고 혹은 강요의 자리로 끝나버리게 되는 경우가 없지 않은 것을 종종 볼 수 있다.

자신이 속한 문화적, 인종적, 종교적인 특성과 위치를 이해함과 동시에 내담자나 환자들이 속한 문화와 인종 그리고 종교 등에 대한 적절하고 올바른 이해 또한 필수적이다. 내가 조지아 주의 호스피스에서 원목으로 사역할 때 슈퍼바이저가 간호사와 사회복지사들을 대상으로 유럽계 백인이 아닌 다른 인종의 문화와 함께 기독교가 아닌 불교와 힌두교 등 다른 종교들의 특징을 세미나 형식으로 안내하는 것을 종종 볼 수 있었다. 실제로 호스피스나 카운셀링 센터에서 돌봄이나 상담 역할을 하는 많은 간호사나 복지사 그리고 목회상담가들이 다른 문화와 종교에 대해 많은 관심을 보이고 있는 것이 요즘의 추세이다.

이러한 문화간 패러다임은 비단 다양한 인종이 몰려 사는 미국뿐만 아니라 한국 사회에서도 마찬가지로 중요하고 필수불가결한 시대적 흐름이라고 생각한다. 비록 하나의 인종과 민족이라는 자부심을 내세우지만 예전과 달리 한국 사회에서도 다양한 인종의 사람들을 자주 볼 수 있으며, 이에 따라 전에는 겉으로 드러나지 않았던 사회문화 현상들이 나타나고 있는 시대에 우리는 살고 있다. 정신치료이론과 상담기법만 가지고서는 충분한 돌봄과 상담이 될 수 없는 시대에 살고 있는 것이다.

많은 사람들이 크리스천 상담가나 성경적 상담가 혹은 사회복지사가 되고 싶어한다. 상처와 좌절과 외로움과 소외감 등으로 고통받고 있는 사람들이 증가하고 있는 이때에 반가운 현상이 아닐 수 없다. 그러나 얼마나 다른 사람을 이해하고 다른 문화를 받아들이며, 더 나아가 자신이 가진 고정관념과 편견 등을 비판적으로 재고

하려는 준비가 되어 있는지 스스로를 되돌아보면서 정신심리치료 이론이나 기법 그리고 상담원리들을 배우기를 바란다. 결국 각종 이론과 방법들이 사람을 치유하는 것이 아니라 그 이론들을 전달하는 상담자 혹은 돌봄 제공자와 그것들을 받아들이는 내담자 혹은 환자 간의 인간적이고 영적인 깊은 교류를 통해 치료되는 것 아니겠는가. 바로 그 순간에 상담자와 내담자 모두는 치유하시는 하나님의 손길을 경험할 수 있으리라 확신한다.

목회상담의 정체성과 학제간 연구(Interdisciplinay Studies)

지금까지 목회상담에 대한 개념 정리와 함께 최근의 동향들을 주요 비유와 아울러 패러다임의 변혁을 정리하면서 고찰해 보았다. 이러한 모든 흐름과 용어의 다양성은 목회상담의 정체성에 대해 반성하며 재탐구하는 일련의 과정이라고 할 수 있다. 미국에서는 오래 전부터 목회상담의 정체성에 대해서 많은 학자들과 전문가들 사이에서 논란이 있어왔던 것이 사실이다. 어찌 보면, 이러한 정체성에 대한 논란은 이미 목회상담이 신학자들의 관심을 갖게 되고 신학교에 신학의 일부분으로 등장하기 시작한 1960년대부터라고 해도 과언이 아닐 것이다. 이 분야의 초기 학자들조차 다양한 이름으로 자신들의 직책을 표기했다. 예를 들면, 종교심리학(psychology of religion, Paul Johnson), 목회심리학과 상담(pastoral psychology and pastoral counseling, Carroll Wise), 종교심리와 목회돌봄(psychology of religion and pastoral care, Wayne Oates) 등이다. 이것만 봐도 이 분야의 정체성의 모호함이 잘 드러난다.

이런 와중에서 처음으로 목회상담 혹은 돌봄을 신학적으로 재해석하고 신학 교육의 중요한 학문 중 하나로 인식해야 한다고 주장한 학자는 시카고 대학과 프린스턴 신학교의 교수였던 시워드 힐트너(Seward Hiltner)였다. 힐트너의 가장 큰 공헌 중 하나는, 자신이 칼 로저스(Carl Rogers)의 심리학에 깊은 영향을 받았음에도 불구하고, 목회돌봄과 상담을 심리학이나 일반 상담학이 아닌 성서신학이나 조직신학과 같은 신학의 일부분이자 실천신학으로 여겼던 것이다.

그럼에도 불구하고 지금도 여전히 학교 간의 명칭이 통일되어 있지 못하며, 각 학교의 전통과 교수들의 방법론에 따라서 서로 다르게 부르고 있는 실정이다. 참고로 목회신학협회(Society of Pastoral Theology)에 가입된 박사 과정이 있는 학교의 프로그램 명칭은 다음과 같다.

- 보스턴 대학교: 목회심리학(Pastoral Psychology)
- 브라이트 디비니티 스쿨(Brite Divinity School): 목회적 돌봄과 상담(Pastoral Care and Counseling)
- 에모리 대학교: 목회신학(Pastoral Theology) – 인간, 공동체 그리고 종교적 실천 디비전
- 풀러 신학교: 실천신학(Practical Theology)
- 개럿 이반젤리컬 신학교: 목회신학, 성격과 문화(Pastoral Theology, Personality And Culture)
- 연합신학대학원(Graduate Theological Union): 심리학과 종교(Psychology and Religion)

- 아일리프 신학교와 덴버 대학교 동 박사과정: 종교와 심리학 연구 (Religion and Psychological Studies)
- 프린스턴 신학교: 목회신학(Pastoral Theology)
- 유니온 신학교, 뉴욕: 심리치료와 종교(Psychiatry and Religion)
- 밴더빌트 대학교: 종교와 개성(Religion and Personality)

이상에서 알 수 있듯이 목회신학, 돌봄, 그리고 상담은 다양한 이름으로 존재하고 있는데, 이러한 다양한 방법론을 통하여 발전하고 있다. 최근에는 각 학과의 이름이 차이가 있음에도 불구하고 그동안의 심리학 위주의 정신심리치료에 대한 과도한 역할을 내부적으로 비판하며 신학적인 해석을 더 중요시하는 방향으로 나아가고 있다.

지금까지 미국의 경우를 예로 들었지만, 한국 역시 정체성에 대한 분명한 자각 없이 각 학교와 신학교 그리고 각 교수들의 전공에 따라서 제각각의 명칭을 가지고 있는 실정이다. 그러나 이름뿐만 아니라 더 중요한 것은 목회상담의 역할과 신학교 내의 위치이다. 한국의 경우, 미국보다 더 심리정신치료와 상담이론과 기술에 치우쳐 있는 것 같다. 사실 심리학이나 상담학 혹은 사회복지학 등을 전공하고 훈련받은 일반 크리스천들이 자신들의 전문 영역에서 기독교적인 가치관을 도입하여 활동하는, 크리스천으로서의 사회적 책임이라는 의미에서도 권장할 만한 일이다. 이런 맥락에서 기독교적 심리 혹은 정신치료나 기독교적인 상담 혹은 사회복지 등의 말은 그다지 큰 의문의 여지가 없다고 할 수 있다. 따라서 기독교 혹은 영성상담센터 등에서 평신도 크리스천들이나 혹은 신학을 공부했지만 교회 목회가 아닌 상담치유 사역을 하려는 이들을 기독교 상담가나 심리치료사로 훈련시켜 상처받은 영혼들을 치유하는 것은 귀한 사역 중 하나임이 분명하다.

그러나 이 책에서 내가 말하려고 하는 목회상담의 정체성은 바로 전문적인 신학교 교육과 교회 혹은 회중(congregation)과 관련된 것이다. 나는 적어도 전문 사역자를 키워내는 신학교에서의 목회신학과 돌봄 혹은 상담 분야는 심리학이나 정신 혹은 심리치료의 과목들도 중요하지만, 그보다도 인간 개인과 가족, 교회 공동체, 성적인 정체성(sexuality), 가난, 환경문제 등 개인의 삶뿐만 아니라 교회와 사회와 환경 속에서 발생하는 모든 고통과 아픔들을 신학적으로 재해석하고, 교회가 그러한 당면 과제들을 돌보고 치유하는 장소가 되는 데 집중할 수 있는 과목들을 가르쳐야 한다고 믿는다. 다시 말하면, 목회신학과 돌봄의 가장 중요한 관심 대상은 바로 교회이고, 교회 안에 모인 성도들이 되어야 하며, 그들이 자신들의 상처와 고통스러운 삶의 이야기들을 성서적, 신학적으로 해석할 수 있도록 돕는 방향으로 가야 한다고 믿는다. 신앙공동체적 컨텍스트 패러다임에서 말했듯이, 성도들 자신이 돌봄의 주체로서 역동적으로 교회와 세상을 향해서 돌봄의 사역을 감당할 수 있도록 격려하고 훈련하는 것이다.

마지막으로 신학과 연계되는 학문으로서 심리학뿐만 아니라 사회학, 문화 연구, 미디어 연구, 철학 등 다른 인문사회과학으로도 관심과 연구방법론의 폭을 넓힐 필요가 있다고 생각한다. 심리학이 인간을 이해하는 데 많은 도움을 주는 것은 사실이지만, 그 외에도 인간의 기본적인 삶을 이루어가는 사회와 문화 그리고 역사를 외면하고서는 제대로 된 인간 이해를 할 수 없기 때문이다. 또한 심리학 쪽에서도 자아심리를 비롯한 정신분석학이나 대상관계이론 등에 너무 치우쳐 있는 듯하다. 사회심리학(social psychology)이나 공동체심리학(community psychology) 그리고 해방신학에 영향을 받은 해방심리학(liberation psychology) 등을 더 연구하면 도움이 될 것이라 믿는다. 왜냐하면 목회돌봄과 상담의 가장 기본적이고 중요한 대상은 인간의 고통과 절망 그리고 희망 찾기인데, 상처 속에서 희망을 발견하는 과정은 개인적인 인간심리를 잘 분석해서도 알 수 있겠지만 사실은 한 개인이 다른 주체나 환경과 맺는 관계 속에서 더 잘 나타날 수 있기 때문이다.

왜 자살을 하는가? 자살의 원인과 해결책을 자살하는 사람의 개인적인 정신 이상이나 성격장애로 보는 한 우리는 적절한 해결점을 찾을 수 없을 것이다. 자살을 잘하는 성격이 있을 수도 있다. 그러나 더 중요한 것은, 그것은 한 개인의 문제가 아니라 바로 우리 사회 전체가 저지르고 있는 죄 때문이다. 이 사회와 문화가 만들어낸 인간의 노예화, 매스미디어를 통한 인기우상주의, 황금만능주의, 인간과 자연의 생명 경시 현상, 그리고 마지막으로 교회의 세속주의의 결과라고 할 수 있다. 바울의 신앙과 그의 신학이 목회신학과 돌봄적인 관점, 특히 신앙공동체적 컨텍스트 중심의 패러다임 아래에서 우리에게 시사하는 것이 바로 이런 점이며, 목회돌봄과 상담을 공부한 내가 바울 신학을 주목하고자 하는 이유이기도 하다.

요약

이 장에서는 목회신학과 목회돌봄 그리고 목회상담을 둘러싼 여러 가지 이론적인 틀에 대해서 살펴보았다. 사실 기본적인 개념정리는 어떤 현상을 분석하기 위한 가장 기초 단계라고 할 수 있겠다. 기독교 전통과 사상 그리고 교리와 제도와 상징들을 초월하여 인간의 가장 구체적인 상황이나 이야기들을 통하여 하나님의 돌보시는 사랑과 정의를 탐구하는 것이 모든 실천신학의 주요 방법론이지만, 그중에서도 특히 목회돌봄과 목회상담은 더욱더 인간의 실질적인 고통과 아픔과 소외와 억압의 현장을 중요시한다. 이런 의미에서 목회돌봄과 목회상담은 성경과 기독교 교리나 전통에서 출발하여 인간의 고통을 바라보기보다는, 고통과 고난의 상황에서 출발해서 성경을 비롯한 교리나 신학이론을 사용하여 해석하는 방법론을 선호한다고 말할 수 있다.

앞에서 밝힌 대로, 현재 목회신학과 돌봄과 상담학 분야는 심리학에 젖어 있는 타성과 일대일 위주의 치료 중심의 모델에서 벗어나 교회를 비롯한 신앙공동체의 돌봄의 역할을 좀 더 강조하며, 상처받은 이가 어떻게 하면 하나님의 형상 안에 창조되었던 온전함을 회복하여 자신의 삶을 재창조해 나가느냐에 주요 관심사를 두는 방향으로 흐르고 있다. 다시 말하면, 인간의 고통에 대한 신학적인 재해석을 통하여 이 사회와 문화의 구조와 조직에 만연된 죄와 악의 요소들을 비판적으로 지적하여 하나님의 사랑과 공의가 진정으로 실현되는 곳이 되도록 예언자적 기능을 발휘해야 한다는 것이다.

오늘날 한국 교회가 교회로서의 역할을 제대로 감당하지 못하고 성장일변도의 기세가 한풀 꺾인 지금, 오히려 신앙공동체적 컨텍스트 중심의 목회돌봄과 상담 패러다임이 강조하는 예언자적 기능이 오히려 더 설득력 있게 들린다. 물론 목회자를 비롯한 교회 지도자 중심의 한국 교회 현실을 비추어 볼 때 얼마만큼 신앙공동체적 컨텍스트 중심의 패러다임이 실질적으로 효과를 내겠느냐 하는 것은 미지수이다. 그럼에도 불구하고 나는 위기에 놓인 한국 교회를 바라볼 때, 오히려 지금이 성장과 건축의 이미지로 굳어버린 한국 교회의 모습을 깊이 성찰하며 교회의 내실을 다질 수 있는 시기라고 믿는다. 또한 21세기의 한국 교회가 하나님의 사랑과 정의가 살아 있는 진정한 신앙공동체가 되기 위한 방안으로, 신앙공동체적 컨텍스트 중심의 목회신학과 목회돌봄과 목회상담의 패러다임은 매우 시기적절하며 아주 중요한 실천적 이론의 틀을 제공해 주고 있다고 할 수 있다.

제2장 바울과 목회돌봄과 상담

성서신학자나 조직신학자가 아닌 목회신학자와 목회상담가로서 나는 왜 바울을 목회신학과 목회돌봄의 관점에서 분석하려고 하는가? 우리와는 전혀 다른 문화와 사회구조를 가진 1세기에 살았던 바울의 사역과 신학이 현대를 살아가는 우리의 고통과 상처와 아픔을 이해하는 데 어떤 도움을 줄 수 있는가? 아마도 이 책을 대하는 독자들은 이런 질문을 한 번쯤은 해볼 만하다. 내가 바울과 그의 신학과 사역을 목회신학과 목회돌봄의 관점에서 분석하고자 한 이유로 몇 가지를 들 수 있다.

첫째는 목회신학과 목회돌봄에 대한 나의 관점과 견해이며, 둘째는 바울의 개인적인 삶, 그의 신학과 목회 마인드가 오늘날 목회신학과 목회돌봄과 연관성을 가지며, 현대인들이 경험하는 연약함과 고통과 아픔을 신학적으로 해석하는 데 기여할 수 있다는 나의 확신이다. 비록 바울과 현대 교회 사이에는 긴 역사적인 거리가 있음에도 불구하고 바울의 역동적이고 극적인 삶과 신학 그리고 목회는 설교나 성경 공부의 대상일 뿐 아니라 목회돌봄과 목회상담의 분야에서도 관심을 가지고 연구해야 할 가치가 충분히 있다.

목회돌봄과 목회상담의 대상과 목적

앞장에서 목회신학과 목회돌봄과 상담을 다루면서 방법론과 정체성과 주변 학문과의 연계성에 대해서 이야기했으므로 여기서 같은 내용을 반복하는 것은 바람직하지 않을 것이다. 따라서 여기서는 바울 신학의 목회신학적 돌봄과 연계해서 목회돌봄과 목회상담은 누구를 대상으로 하며, 무엇을 위해 존재하는지 간단하게 언급하고자 한다.

먼저, 목회돌봄과 목회상담의 대상은 인간이다. 좀 더 구체적으로 말하면, 인간이 삶 속에서 총체적으로 경험하는 고통과 아픔과 상실이며, 그러한 상황 속에서 어떻게 치유와 회복과 희망을 발견할 수 있느냐 하는 것이다. 그러나 목회돌봄과 목회상담이 일반적인 심리학이나 정신치료나 상담학과 전혀 다른 것이 있다면 바로 하나님을 대상으로 한다는 것이다. 이것은 물론 우리가 하나님을 돌본다거나 상담한다는 의미가 아니라 반대로 우리 인간의 고통 속에서 보여주시는 하나님의 사랑과 공의를 알아가는 과정이 바로 목회돌봄과 목회상담의 관심사 중 하나라는 뜻이다.

여기서 저자가 말하는 하나님은 종교적인 개념인 '절대적인 존재'(Absolute Being)나 '거룩한 존재'(Divine Being)의 의미를 초월하여 온 우주만물을 창조하신 '창조주'(Creator)이자 우리의 아버지(Father) 되신 기독교에서 말하는 하나님이시다. 사실 일반 정신심리학이나 상담학 분야에서도 '신'(god) 혹은 '절대자'(The Absolute)의 개념은 인간의 가장 원시적인 정신상태와 종교적, 영적 경험을 설명하기 위해서 분석의 대상으로 사용되어 왔다. 이런 의미에서 목회돌봄과 상담의 분야 가운데 종교심리학(psychology of religion)이 포함되어 있는 것이다. 그러나 내가 여기서 말하는 하나님은 창조와 예수 그리스도를 통하여 우리에게 보여주신 사랑과 정의 그리고 구원과 의로 설명되는 하나님이다. 목회돌봄과 상담의 대상이 하나님이라는 말 속에는, 하나님께서 창조하신 모든 것들이 다 우리의 관심의 대상이 되어야 한다는 뜻이 포함되어 있다. 다른 말로 하면, 인간뿐만 아니라 사회와 문화와 역사 그리고 모든 자연들까지도 돌봄의 대상이 된다는 의미이다. 그리고 그러한 돌봄의 행위를 실천하는 중심에 교회를 비롯한 신앙공동체가 서 있는 것이다. 이렇게 볼 때 교회가 목회돌봄의 주체가 된다.

목회돌봄과 상담의 대상이 인간과 하나님 그리고 사회와 문화라고 이해한다면, 비교적 명료하게 그 목적을 알 수 있다. 목회돌봄과 상담의 목적은 개개인으로 하여금 자신들이 겪는 심리적, 정신적, 영적인 고통과 아픔을 하나님께서 교회를 비롯한 신앙공동체를 통하여 치유하심을 믿는 믿음 안에서 창조적이고 긍정적인 방향으로 재해석하도록 돕는 것이다. 또한 그러한 재해석 과정을 통하여 하나님의 형상으로 창조된 인간의 온전함(wholeness)을 이루는 것이며, 폭력적이며 악한 사회와 문화구조 속에서 하나님의 사랑과 정의를 드러나게 하는 것을 목적으로 한다. 이런 맥락에서, 목회신학자와 목회돌봄 제공자와 상담 전문가들은 내담자나 성도 개인의 심리적인 내적 치유와 회복뿐만 아니라, 이 사회의 부조리와, 모순되고 억압적이며 폭력적인 구조와 현상들에 대해서 '저항'(resist) 할 수 있어야 하며, '변혁'(transform)의 목소리와 실천하는 행동을 이끌어낼 수 있어야 한다. 바울의 삶과 신앙과 목회는 바로 이러한 목회신학과 돌봄과 상담의 관점을 잘 반영해 주고 있다.

바울의 삶, 신학과 목회

바울 신학을 목회신학과 돌봄과 상담의 관점에서 새롭게 이해하려면, 먼저 그의 삶과 신학 그리고 목회가 위에서 지적한 목회신학과 돌봄과 상담의 모습과 크게 다르지 않다는 것을 이해할 필요가 있다. 먼저, 위대한 사도라고 불리는 바울도 우리와 같은 심리적, 정신적, 영적 고통은 물론 치유와 회복을 경험했던 '한 사람'이었음을 기억할 필요가 있다. 즉 바울이 하나님의 능력을 경험한 훌륭한 영적 리더였다 하더라도 그 역시 지독한 육체적, 정신적, 영적 고통과 아픔에 시달렸고, 바울 스스로가 하나님의 만져 주심을 경험했으며, 여러 신앙공동체로부터 돌봄의 경험을 했다는 것이다.

먼저, 우리는 정확히 그것이 무엇인지는 알 수 없지만 바울이 극심한 육체적인 아픔과 고통에 시달렸다는 것을 그의 서신을 통하여 알 수 있다(고후 12:7-9). 바울이 '육체의 가시'라고 표현한 병은 아마도 안질 혹은 시력장애라고 추측하는데, 하나님께 세 번이나 간구할 정도로 그에게 큰 고통을 주었다. 그뿐만 아니라 바울은 복음을 전하는 과정에서 폭력과 자연적인 재해와 굶주림까지 당하기도

했다(행 16:22-23; 고후 11:23-26).

또한 그는 늦게 사도 된 자로서 많은 정신적, 심리적 스트레스에 시달렸다는 것을 짐작할 수 있다. 먼저 그의 사도로서의 정체성이다. 얼마나 그의 사도성이 의문시되고 부정되었던지, 바울은 자신의 서신을 쓸 때마다 서두에서 '하나님의 뜻' 으로 말미암아 사도가 되었다고 밝히고 있다. 물론 사도의 직분에 대한 감사함과 소중함과 열정을 강조하고 있다고 볼 수도 있지만, 감정적, 심리적 불안감을 경험할 수밖에 없는 한 인간으로서의 바울을 이해할 때, 사도로서의 자신의 정체성 때문에 심리적으로 위축된 적도 있었음을 상상할 수 있다.

그뿐 아니라 고린도 교회의 경우, 바울에게 몸이 약하고 말도 시원하지 못하다는, 즉 어눌하다는 비판을 하는 등, 개인적인 약점을 공격당하기까지 했다. 타인에게서 받는 어려움과 동시에 바울은 심리적, 영적으로 심각한 갈등을 겪었던 것을 로마서 7장 14-25절을 통해서 알 수 있다. 3장에서 다시 다루겠지만, 아무튼 율법과 죄로부터 끈질기게 받았던 도전과 유혹을 생동감 있게 표현하며 자신의 곤고함을 고백하는 바울의 모습은 바로 우리 자신의 모습이요, 우리에게 도움을 구하며 찾아오는 내담자의 고백과도 같은 것이다.

바울의 신학과 목회

바울의 신학은, 우리 인간은 예수 그리스도의 십자가 구원을 통하여 나타난 하나님의 의를 믿음으로 말미암아 구원을 받을 수 있다는 것으로 압축된다. 다시 말하면, 죄인 되었던 우리가 아무 값없이 예수 그리스도의 희생으로 말미암아 죄 사함을 얻었다는 것이다. 이런 의미에서 바울의 신학을 다른 말로 표현한다면, '받아들임의 신학'(theology of acceptance)이라고 할 수 있다. 즉 죄인인 우리를 하나님께서 아무 조건 없이 받아들여주셔서 용서해 주셨다는 것이다. 받아들임은 신학적으로뿐만 아니라 목회돌봄과 상담에 있어 가장 기본적이면서도 중요한 개념이다. 자기를 받아들이는 순간 치유와 회복과 화해가 이루어지기 때문이다.

여기서 받아들인다는 것은 두 가지 의미가 있다. 첫째는 자기를 받아들이는 것이다(self-acceptance). 상처받고 고통당하는 사람들을 상담해 보면 대부분의 경우 자기 부정(self-denial)의 현상이 가장 많이 나타난다. 특히 오랫동안 많은 사람들과 사회의 편견 속에서 시달려온 사람일수록 자신을 온전하게 받아들이는 것이 어렵다.

내가 조지아의 가족과 결혼 상담소에서 인턴 원목으로 사역할 때 그곳과 제휴되어 있는 호스피스(hospice)를 섬긴 적이 있다. 매일 나에게 배당된 환자들을 방문하여 기도하고 그들의 이야기를 들어주는 한편, 환자의 집을 직접 방문하여 가족과 상담도 해주는 역할을 했다. 마크(가명)라는 52세쯤 된 백인 환자가 나에게 배정되었다. 그는 이미 오래 전에 아내와 이혼하고 두 아이마저도 엄마하고 살기에, 혼자 외롭게 살아가고 있었다. 그는 폐암과 그로 인한 합병증으로 이제 죽을 날만 기다리고 있었다. 처음 그의 집에 들어가 보니 코를 찌르는 악취가 집안 곳곳에서 배어 나왔고, 여기저기 오래된 음식물 찌꺼기가 눈에 보였다. 그와 이야기를 해 보니 그는 한때 남들이 제법 알아주는 배 수선공이었다. 그러나 마약과 술에 중독되어 아내와 이혼하게 되었고 집안도 풍비박산이 나고야 말았다는 것이다. 어느 날, 그가 나에게 이렇게 물었다.

"패스터 장, 아직도 하나님이 나를 기억하시고 사랑하시고 받아 주실까?" 아주 어릴 적에 부모님을 따라 교회에 간 것이 전부이며, 이제 자기는 죽어가는데 아무도 자기를 사랑하지 않고 아마 하나님도 자기를 버렸을 거라고 했다. 그는 너무도 오랫동안 하나님과 가족과 이웃들과 차단된 삶 속에서 병마와 싸우며 산 나머지 자신의 정체성을 잃어가고 있었다. 나는 그 다음날 그를 위해 기타를 치며 "예수 사랑하심, 성경에 써 있네" 하고 찬양을 불러 주었다. 교회에서 배웠던 찬양 중 유일하게 그가 기억하는 찬양이었다.

바울은 하나님께서 우리를 받으시고 예수님 안에서 새 생명을 통한 희망을 주신 사실에 대해 신학적으로 다음과 같이 표현하고 있다.

> "모든 사람이 죄를 범하였으매 하나님의 영광에 이르지 못하더니 그리스도 예수 안에 있는 속량으로 말미암아 하나님의 은혜로 값없이 의롭다 하심을 얻은 자 되었느니라"(롬 3:23-24).

> "우리가 아직 죄인 되었을 때에 그리스도께서 우리를 위하여 죽으심으로 하나님께서 우리에 대한 자기의 사랑을 확증하셨느니라"(롬 5:8).

사실 죽음을 앞둔 마크에게는 정신치료나 심리치료를 통하여 삶을 좀 더 연장하는 것보다, 어떤 면에서는 자기 자신과 현재 자신이 경험하고 있는 고통을 인정하고 받아들이며 하나님께서 자신을 지금도 받아들이고 계신다는 것을 믿는 믿음 가운데 자신의 삶 전체를 인정하며 하나님의 은혜를 경험하게 하는 것이 더 효과적인 방법일 것이다. 바울 역시 자신의 약함을 받아들임으로써 그 약함과 고통 속에서 강하게 역사하시는 하나님의 도우심과 치료하심을 더욱 온전하게 경험한 것이다.

받아들임의 두 번째 의미는 자기뿐만 아니라 타인을 받아들임을 뜻한다. 다른 말로 표현하면, 하나님께서 나를 받아 주셨듯이 다른 사람들도 받아들이셨다는 것을 인정하는 것이다. 바울의 목회관은 하나님을 믿는 믿음과 더불어 하나님의 사랑과 정의가 구현되는 신앙공동체 중심이다. 다른 말로 하면, 바울은 자신의 서신을 통하여 신앙공동체로 하여금 하나님의 은혜와 사랑으로 온전히 변화되어 서로의 고통을 돌아보며 분열과 정죄보다는 화해와 이해 속에서 성숙한 믿음의 공동체를 세워 나갈 것을 강조하고 있는 것이다. 바울은 "그러므로 그리스도께서 우리를 받아 하나님께 영광을 돌리심과 같이 너희도 서로 받으라"(롬 15:7)고 말하며 타인을 받아들임의 중요성을 강조하고 있다.

그럼에도 불구하고 자신을 받아들이는 것 못지않게 자신이 속해 있는 가정과 이웃과 사회 그리고 교회를 받아들이는 것 또한 쉽지 않다. 더욱이 자신이 가족이나 사회의 폭력과 불공평한 구조로 인해 피해를 받았다는 피해의식이 개인의 의식구조에 깊숙이 박혀있는 한 자신은 물론 공동체를 받아들이기 어렵다. 그러나 치료와 회복은 자신 앞에 우뚝 서 있는 상처와 실망의 경험들을 피해 가는 데 있지 않고 공동체의 부조리와 억압적인 구조에 당당히 맞서 자신 안에 오랫동안 억눌린 채로 잠재해 있던 힘을 긍정적이고 창의적으로 사용하여 공동체의 변혁을 가져옴으로써 가능한 것이다.

나는 여러 해 전에 미국인들, 특히 미국 군인들과 결혼하여 미국으로 건너와 살고 있는 이중문화 여성들과 함께 목회한 적이 있다. 대부분의 경우 신앙생활을 열심히 하고 있었고 건전한 자아관을 가지고 있었다. 그러나 내가 그 후에 잠시 기독언론사에 근무할 때 특집기사를 위해, 그리고 박사학위 논문을 위해 직접 이중문화 목회를 하는 한인 목회자들을 인터뷰한 바에 따르면, 아직도 많은 이중문화 여성들이 자신의 삶의 경험과 가족이나 교회 등의 공동체를 받아들이는 데 어려움을 겪고 있는 것으로 나타났다. 그들 중 어떤 이들은 한국의 가족들과 완전히 관계를 끊고 사는가 하면, 미국 내에서도 그다지 원만한 가정생활을 이루지 못하고 있었다. 한국 이민사회나 심지어는 한인교회에서도 미국 군인과 결혼했다는 부정적인 이미지 때문에 적응을 못하는 것이다. 그런 가운데 자신과 자신이 속한 공동체를 받아들이기가 여간 어려운 것이다.

그러나 다행스러운 것은, 일부 한인교회와 목회자들을 중심으로 이중문화 여성들을 위한 단체가 세워지고, 그들이 자신들도 하나님의 형상을 따라 창조된 존귀한 존재라는 것을 확인하고 재인식함으로 세상을 다른 눈으로 바라보기 시작했다는 것이다. 또한 일부이긴 하지만 한인교회를 중심으로 이중문화 여성들에 대한 뿌리깊은 편견과 차가운 눈길과 폭력에서 벗어나서, 이중문화 여성들을 있는 그대로 받아들이며 하나의 가족으로 대하는 분위기가 확산되고 있다. 한국에서는 이중문화 여성들과 그들의 자녀에 대한 차별과 학대가 여전히 존재하는 것으로 알고 있다. 바울은 우리가 아직 죄인 되었을 때에 하나님께서 받아들이셨다는 것을 기억하라고 말한다. 그리하여 서로의 약함을 함께 감당하라고 역설하는 것이다. 바울의 이러한 '받아들임' 의 신학은 그 어떤 심리학적 이론이나 정신치료보다도 더 근본적이고 강력한 치유와 회복의 길을 우리에게 제시해주고 있다.

복음과 함께 고난을 받으라

바울 신학은 고난의 신학(theology of suffeing)이라고 할 수 있다. 그가 회심 후에 겪어야만 했던 수많은 육체적, 정신적, 물리적, 영적인 고통과 고난을 생각할 때 어쩌면 그것은 당연한 귀결이라고 볼 수 있다. 또한 그의 신앙과 목회는 오직 예수 그리스도의 구원의 도를 전하는 것이었기에, 고난당하시는 예수님의 십자가 이미지는 매우 타당한 것이다. 그에게 있어 고난은 문제이거나 불행이거나 실패나 저주가 아니었다. 바울은 자신의 삶 속에서 만나는 어렵고 힘든 일 속에서도 오직 주를 위하여 사방으로 갇힌 자 된 것을 인정하고 기쁘게 받아들이면서 자신에게 주어진 삶을 하나님 앞에서 성실하게 살아갔다. 바울의 고난에 대한 관점은 다음 구절에 극명하게 나타나 있다.

> "우리의 모든 환난 중에서 우리를 위로하사 우리로 하여금 하나님께 받는 위로로써 모든 환난 중에 있는 자들을 능히 위로하게 하시는 이시로다"(고후 1:4).

> "우리가 사방으로 우겨쌈을 당하여도 싸이지 아니하며 답답한 일을 당하여도 낙심하지 아니하며……우리가 항상 예수의 죽음을 몸에 짊어짐은 예수의 생명이 또한 우리 몸에 나타나게 하려 함이라"(고후

4:7, 10).

"그리스도를 위하여 너희에게 은혜를 주신 것은 다만 그를 믿을 뿐 아니라 또한 그를 위하여 고난도 받게 하려 하심이라"(빌 1:29).

이런 바울이었기에 그는 예수님 안에서 낳은 아들 디모데를 향하여 복음과 함께 참된 고난을 부끄러워하지 말라고 권고할 수 있었던 것이다.

"그러므로 너는 내가 우리 주를 증언함과 또는 주를 위하여 갇힌 자 된 나를 부끄러워하지 말고 오직 하나님의 능력을 따라 복음과 함께 고난을 받으라"(딤후 1:8).

"너는 그리스도 예수의 좋은 병사로 나와 함께 고난을 받으라"(딤후 2:3).

여기서 우리가 주의할 것은, 바울의 고난관은 매우 역설적이라는 것이다. 바울이 비록 고난을 부끄러워하지 말고 받으라고 말하고 있지만, 그는 동시에 복음과 하나님의 은혜와 예수님의 생명을 함께 말하고 있다. 즉 고난은 고난에서 끝나는 것이 아니라 고난을 통하여 새로운 희망과 회복을 누릴 수 있음을 역설적으로 표현한 것이다.

바울의 이러한 고난관은 목회돌봄과 상담에 있어 매우 영적이며 강력한 도전을 준다. 분명, 바울이 복음을 전하며 받는 고난과 우리가 이 땅에 살면서 경험하는 고난은 성격상 다를 수 있다. 그러나 일반적인 목회상담학이나 정신심리치료와는 달리 목회돌봄과 상담이 기독교 신앙을 바탕으로 하고 또 교회를 비롯한 신앙공동체에 속한 교인들을 대상으로 한다는 점에서, 바울은 현대 크리스천들이 자신들이 겪는 심적, 정신적, 육체적, 영적 고통과 아픔을 어떻게 바라보아야 하는지를 시사해 주고 있다고 할 수 있다. 왜 크리스천들이 자살을 하는가? 왜 나는 크리스천임에도 불구하고 좋은 일보다는 힘들고 어려운 일들이 더 많을까? 자살하면 지옥 가느냐 아니냐의 관점보다는 교회가 진정 고난의 역설적인 의미를 깊이 깨닫고 있느냐를 반성해야 하는 시점에 한국 교회가 서 있다고 본다.

풍성한 기쁨, 다른 사람으로부터 늘 인정받는 것, 불필요한 오해나 잡음 없는 삶, 복잡하고 꼬이는 것이 없는 편안한 삶 등, 우리 교회는 이런 것을 '축복'이라는 이름으로 포장하고 있는 것은 아닌지. 크리스천 연예인이나 일반 크리스천들이나, 자신의 삶 속에서 겪는 힘들고 어려운 일들 속에서 스스로의 삶을 포기하거나 타인의 삶까지도 엉망으로 만드는 일들이 왜 그렇게 비일비재할까. 힘들면 주저앉고 싶은 것은 인간이라면 누구나 느끼는 감정일 것이다. 그러나 크리스천이라면 고통과 절망 속에서 함께하시는 하나님의 위로와 예수님의 생명을 나타내야 하지 않을까. 바울이니까 가능했다고 항변할지도 모른다. 그러나 하나님은 바울뿐만 아니라 오늘 현대를 살아가는 우리에게도 똑같이 임재하신다. 바로 그것이 절망 속에서 희망을 발견해 가는 과정이며, 바로 목회돌봄과 상담은 그 일을 위해 쓰임받고 있는 실천신학이다.

저항(Resist)과 변혁(Transform)의 신학

마지막으로 바울 신학과 그의 목회를 현대의 목회돌봄과 상담학이 주목해야 할 이유는, 바로 바울 신학과 목회가 지향하는 점이 앞에서 살펴본 공동체적 컨텍스트 중심의 패러다임이 주장하는 저항과 변혁의 신학이라는 점이다. 저항과 변혁은 바울 신학을 대표할 수 있는 두 단어라고 생각한다. 로마서 12장 2절은 이것을 보여주는 대표적인 구절이다.

> "너희는 이 세대를 본받지 말고 오직 마음을 새롭게 함으로 변혁를 받아 하나님의 선하시고 기뻐하시고 온전하신 뜻이 무엇인지 분별하도록 하라."

여기서 본받지 말라는 말은 그저 단순하게 무시하라는 뜻이 아니다. 이 세대의 부패하고, 불의하고, 율법주의적이며, 하나님의 뜻과 대립되는 모든 행위에 적극적으로 저항하라는 의미이다. 또한 바울은 저항과 동시에 마음을 새롭게 하여 변화를 받으라고 역설한다.

여기서 우리가 주목할 것은, 그저 수동적이고 체념적인 변혁이 아니라 마음을 새롭게 하는 변혁이다. 그러기 위해서 우리는 비판적이고 의식적으로 이 세대의 부정과 부패와 부조리의 문화에 빠져있는 우리 자신을 볼 수 있어야 하며, 마음을 새롭게 해야 한다는 구체적인 깨달음이 필요하다. 그 다음에 우리가 하나님의 뜻을 분별하여 이 세상의 어두움을 바꿀 수 있는 사랑과 정의의 실천자가 되어야 함을 바울이 가르쳐 주고 있다. 바울의 목회와 신학이 공동체적 저항과 컨텍스트의 변혁을 강조하는 최근의 목회신학과 돌봄과 상담과 구체적으로 맞닿아 있다는 것에 대해서 제임스 톰슨 (James Thomson)은 다음과 같이 말한다.

> 공동체의 변혁을 강조하는 그(바울)의 신학과 목회는 소속 회중의 개인적인 필요성과 욕구를 만족시키려는 데 중점을 두고 있는 현대 교회에 적절한 대안점이다. 더 나아가, 공동체적이고 기존 문화에 대해 저항을 지향하는 바울의 윤리관은 현대 목회에 있어 빠져버린 것을 채워주는 역할을 한다. 바울에게, 목회자가 하는 모든 기능과 기술은 변혁의 목회신학과 일치한다.[9]

신앙공동체적 컨텍스트 중심의 패러다임에서 목회돌봄과 목회상담의 기능은, 신앙공동체와 억압적이고 폭력적이며 비인간적인 편견과 불의 때문에 고통받고 신음하는 이들이 모순되고 왜곡된 사회문화적, 정치경제적 구조에 저항하고 변혁시키는 것이다. 그리하여 저항과 변혁을 통하여 하나님의 형상대로 창조된 인간의 온전성(wholeness)를 되찾고, 하나님의 사랑과 공의를 이 땅 위에 실현하는 것을 궁극적인 목표로 한다. 저항과 변혁에 대해서는 4장부터 6장에 걸쳐 보다 자세하게 다루도록 하겠다.

9 James Thompson, *Pastoral Ministry According to Paul* (Grand Rapids, MI: Baker Academic, 2006).

요약

바울 서신은 1세기 당시의 헬라와 유대 문화와 종교와 언어를 연구하는 데 아주 중요한 자료가 된다. 또한 바울 서신은 바울의 신학과 신앙이 사실적으로 강력하게 나타나 있는 조직신학의 보고라고 할 수 있다. 아울러 이 책에서 주장하고 있는 바와 같이 바울 서신은 목회신학과 돌봄과 상담에 있어 공동체 돌봄을 위한 아주 중요한 개념과 전략을 제공해 주는 역할도 한다. 사실 모든 성서신학과 조직신학은 하나님을 믿는 신앙공동체의 존재 의미와 가치를 떠나서는 존재할 수 없다. 다시 말해, 모든 신학은 학문 그 자체를 위해서 존재한다기보다는 하나님의 몸 된 교회와 하나님이 창조하신 이 세상을 위하여 헌신하도록 요청받고 있는 것이다. 이런 의미에서 나는 목회돌봄과 상담학을 비롯한 기독교교육학이나 설교학 등을 실천신학의 범주로 제한하는 것은 적절하다고 말할 수 없다고 주장하고 싶다. 모든 신학은 다 실천적이어야 한다. 다만 실천을 위한 방법론이 다를 뿐이다.

아무튼 바울의 삶이나 그의 목회와 신학을 미루어 보건대, 바울의 신학은 목회신학(pastoral theology)이라고 부를 수 있으며 그의 목회는 목회돌봄과 상담이라고 할 수 있다. 다른 각도로 보면, 바울 자신이 목회돌봄의 대상이라고 볼 수도 있을 것이다. 앞에서 살펴본 대로 그는 고통과 절망, 극적인 회심과 자아 정체성과 영적인 혼란 그리고 회복과 희망 등 목회돌봄과 상담에서 다루는 심리적, 정신적, 영적인 감정들을 온몸으로 경험했다. 그는 자신의 삶 속에서 경험한 하나님의 돌보심과 만져 주심을 통해, 자신이 섬긴 신앙공동체를 향하여 돌봄과 위로의 손길을 보내고 있는 것이다.

이런 의미에서 그의 신학은 신앙공동체를 살리는 신학이었다. 자신이 경험한 하나님에 대한 지식과 논리가 신앙공동체와는 전혀 동떨어진 채 위압적이고 권위적인 모습이 아니라, 자신의 지식과 경험을 하나님을 믿는 신앙공동체인 교회들에게 생명을 주시는 하나님의 은혜를 알리고자 사용했던 것이다. 더 나아가, 각 교회들로 하여금 신앙공동체로서 예수 그리스도의 십자가에 나타난 하나님의 사랑과 예수님의 희생을 바탕으로 서로를 돌보는 동시에 이 세상의 헛되고 거짓된 가치관을 따르지 말고 새롭게 변혁된 삶을 살라고 격려하는 모습을 볼 수 있다.

이 장에서는 바울의 삶과 신학과 목회가 목회신학과 돌봄 그리고 상담의 관점에서 왜 중요하며 어떤 의의가 있는지를 살펴보았다. 다음 장부터는 보다 구체적으로 바울의 심리적, 영적 자아의 갈등을 융의 정신분석학을 바탕으로 분석한 후에 바울의 사역이 신앙공동체적 컨텍스트 중심의 목회신학 패러다임과 어떻게 연관이 되는지 그리고 바울의 십자가 신학은 목회돌봄과 상담에 대해 무엇을 말해 주는지 다루고자 한다.

제3장 융의 심리학적 관점에서 본 바울의 갈등하는 자아 – 로마서 7장 14-25절을 중심으로

'자아'(self)는 오랫동안 중요한 철학적, 심리학적, 신학적 연구의 주제가 되어 왔다. 다양한 학문 분야에 속하는 많은 학자들은 우주의 존재와 인간의 자아를 연구함으로써 '절대적 진리'를 알고자 노력해 것이다. 특히 근래에 들어서는 사회, 문화, 정치, 종교, 역사와의 역동적인 관계를 통하여 자아를 분석하려는 경향이 우세하다. 즉 자아를 개인적인 독립된 실체로 보기보다는 사람들, 가족, 집단, 학교나 교회 등 사회종교적 기관과 같은 사회 구조 속에서 인간이 살아가면서 경험하게 되는 모든 관계에서 자아의 개념, 형성, 발달, 갈등, 분열 등 자아와 관련된 현상들을 연구하려는 것이다.

이 장에서 다루고자 하는 사도 바울의 '갈등하는 자아'(conflicted self) 역시 이런 관점에서 출발한다. 바울의 자아는 홀로 갈등하지 않는다. 즉 바울은 정신병리학적인 증세를 보이는 것이 아니라 자신이 속한 사회와 문화 속에서 많은 죄와의 싸움과 부딪치면서 겪는, 예수 그리스도의 사도로서 겪는 극심한 영적 싸움을 하는 것이다. '원하지 않는 것을 할 수밖에 없도록 만드는' 자신 안에 숨어 있는 죄성과 함께 율법과 종교적인 전통에 사로잡히기 쉬운 당시의 종교문화적인 상황과 씨름하고 있는 바울의 모습이 극명하게 나타나고 있는 부분이다.

이 장에서는 심리학에 있어서 종교의 역할을 인정하는 융의 정신분석학을 통하여 바울의 심리적인 갈등을 살펴보면서 '인간의 양면성' 을 알아보는 기회로 삼는 한편, 독자들로 하여금 심리학의 유용성과 아울러 인간 이해를 위한 신학적이고 영적인 측면의 중요성을 다시 한 번 깊이 인식하는 계기를 마련하고자 한다. 바울의 영성과 신학에 관하여는 6장의 십자가 신학에서 더 자세하게 살펴볼 것이다.

성경을 보면 참된 자아(authentic self)를 발견하는 것이 얼마나 중요한지를 알 수 있다. 성경은 하나님의 이야기이지만, 하나님께서는 혼자서 역사를 이루어가시지 않는 분이다. 하나님은 사람들을 통하여 이루신다. 예수님은 십자가의 사역을 그의 제자들과 함께 담당하셨다. 그러기에 자아에 대해서 우리가 더 많이 그리고 올바로 이해하면 할수록 하나님을 아는 지식이 풍성해질 수 있다. 예를 들면, 에베소서 4장 22-24절은 우리에게 새로운 삶에 대한 매우 실제적인 방법을 제시한다. 즉 '옛 사람' 과 '새사람' 같은 신학적이고 심리학적인 용어를 사용하면서, 옛 사람은 우리의 욕심과 구습에 사로잡혀 타락한 자아이며, 새사람은 진정한 의(righteousness)와 영광(holiness)이신 하나님의 형상을 따라 창조된 상태로의 회복을 의미한다. 신학적, 성서적 심리학에 따르면 우리가 참된 자아를 찾는 것은 무신론자들이 말하는 '인간' 만이 갖는 본래의 참된 가치와 '자기 됨' 을 발견하는 것에서 더 나아가 하나님의 형상 안에 존재했던 온전함을 회복하는 것을 의미한다. 이런 맥락에서 로마서 7장 14-25절은 사도 바울의 깊은 인간 이해를 영적으로 접근함으로써 진지한 자기 성찰과 하나님을 찾으려는 인간의 갈망을 간접적으로나마 접근할 수 있는 기회를 우리에게 제공해 준다.

한편 로마서 7장 14-25절은 여러 각도에서 접근할 수 있다. 심리학적으로 보면 우리는 다음과 같은 질문을 던지게 된다. "옛 사람과 새사람을 어떻게 정의하는가?" "한 사람이 선하고 악한 것을 동시에 저지르는 것인가?" "한 사람 안에 두 개의 자아가 존재하는가?" "그렇다면 양극단적 성격(bi-polar personality)과는 어떻게 다른 것일까?" "우리가 우리의 마음 안에서 작용하는 두 극단적인 자아를 완전히 분리시키는 게 가능할까?"

조직신학적으로도 다양한 관점에서 이 문장을 해석할 수 있다. 예를 들면, 하나님의 특성, 인간론, 예정설과 죄의 문제, 구원론, 의로움과 성화 등이다. 또한 바울의 갈등하는 자아를 실천신학의 입장에서 목회현장으로 가지고 갈 수도 있다. 실제적인 목회현장에서 많은 교인들이 '어떻게 하면 옛 자아를 벗어버리고 새 자아를 형성할 수 있을까?' '나는 교회를 오래 다니고 예수 그리스도를 영접했는데 왜 아직도 내 안에 기쁨이 없고 죄를 저지르곤 하는가?' 하는 질문을 갖게 된다. 그러한 갈등과 질문 속에서 죄책감에 빠진 나머지 교회를 떠나거나 아니면 그러한 마음의 갈등을 애써 모른 체하며 신앙생활을 유지해 나간다. 그들은 새로운 삶을 원한지만 여전히 낡은 삶의 방식을 쉽게 포기하지 못하고 있는 것이다. 이와 같은 이유로 옛 자아와 새 자아에 대한 질문은 크리스천들에게 매주 중요하고 실제적인 도전이 된다.

이 장에서 다루고자 하는 로마서 7장 14-25절은 우리에게 매우 낯익은 구절이다. 많은 목회자들이, 인간이 현실 속에 살면서 고민하는 양면성과 한계성을 설명하기 위해 이 구절을 자주 인용한다. 즉 이 구절은 성령으로 거듭났다고 확신하면서도 여전히 떨쳐버리기 힘든 율법적인 행위와 죄에 속한 것들이 우리 안에 있을 수 있음을 말해 준다. 바울은 이러한 자신의 갈등을 죄와 사망의 법을 정복하신 예수 그리스도의 생명의 성령의 법으로 해결하고 있다(롬 8:1-11). 바울은 예수 그리스도로 말미암은 하나님만이 자신을 사망의 몸에서 건져낼 수 있다고 고백하면서도 여전히 고백한다.

> "내 자신이 마음으로는 하나님의 법을 육신으로는 죄의 법을 섬기노라"(롬 7:25).

반복해서 말하건대, 바울의 자아를 영적으로뿐 아니라 심리적으로도 분석해 볼 필요가 있다. 영적인 면을 너무 강조한 나머지 인간의 심리적인 면을 지나치게 도외시하면 이 구절을 완전히 이해하지 못할지도 모른다. 비단 이 구절뿐만 아니라 성경 속에 나오는 인물을 탐구할 때는 심리적, 사회문화적, 역사적, 신학적인 면들을 종합적으로 다룰 필요가 있다. 그렇지 않다면 그러한 사람들의 이야기를 우리와 전혀 동떨어진, 너무나 영적이고 신앙심이 깊은, 우리가 감히 접근할 수 없는 신과 동격인 사람들의 이야기로 치부해 버리고 말 것이다. 우리가 위대한 하나님의 종이라고 부르는 아브라함과 모세 그리고 바울은 누구인가? 그들도 우리와 같이 두려움과 부끄러움, 걱정과 근심, 절망과 좌절을 경험했고, 심리적 불안감을 느낀 사람들이었다. 성경 속의 하나님은 어떤 일을 하셨는가? 능력과 감정과 경험에 제한적인 사람들을 사용하시어 자신의 계획을 이루신 것이 아닌가. 그렇다면 바울의 이야기는 바로 현대를 살아가는 우리의 이야기가 된다. 성경 속의 하나님께서 하신 일은 바로 오늘 우리에게도 똑같이 일어날 수 있는 것이다. 이것이 성경 속의 인물을 심리학적으로 분석할 때 얻는 영적인 유익이다.

프리츠 쿤켈(Fritz Kunkel)은 로마서 7장 14-25절이야말로 심층심리학의 근간이 될 수 있는 대표적인 예라고 말한다. 올바른 신학적 이해는 하나님을 잘 알게 해줄 뿐만 아니라 하나님께서 자신의 형상대로 만드시고 함께 일하시는 사람들도 잘 이해하게 해준다. 이런 의미에서 심리학은 신학과 반대되는 학문이 아니라 신학을 뒷받침하는 긍정적인 역할도 할 수 있음을 강조하고 싶다. 바울의 갈등하는 자아를 분석하기 전에 먼저 바울의 성격을 간략하게 다루고 넘어가자.

바울의 성격(Personality)

앞에서도 말했지만, 성경에 나오는 인물의 신앙관이나 사역을 분석하는 데 심리학적인 해석이 도움이 된다. 하나님의 인도하심을 받고 성령충만을 받아 하나님의 일들을 잘 감당해 갔지만, 그럼에도 불구하고 한 개인의 삶을 통해 형성되어가는 성격과 심리체제는 완전히 사라지지 않는다. 같은 하나님의 사도로서 쓰임을 받았지만 베드로와 바울의 사역 방향과 내용은 다르다. 바울의 성격을 이해하면 로마서 7장 14-25절에 나오는 그의 갈등하는 자아를 더 잘 알 수 있다. 성경 주석가나 학자들은 바울의 성격을 성경 속에 나오는 그의 언행을 기준으로 다양하게 묘사하고 있다. 이미 1900년대에 로버트 스피어(Robert Speer)는 "바울은 완벽할 정도로 강한 윤리적인 사람이었고, 거룩함에 대한 뜨거운 열정을 가졌으며, 깨끗지 않은 것에 대해 지나치게 혐오했다. 그의 고결함에 대한 강한 의식은 그를 제어하기 힘들 정도로 강한 윤리관을 가진 사람으로 만들었다"고 말하면서 바울의 윤리적이고 영적으로 거의 완벽주의적인 성격을 강조한다.[10]

성경을 보면 스피어의 말은 어느 정도 이해가 간다. 바울은 신앙공동체와의 관계 속에서는 사도적인 권위를 앞세워 자신의 주장을 강요하기보다는 자발적으로 신앙공동체의 모든 일을 권유하는 입장이었다(이 책 3,4,5장 참조). 그러나 그는 하나님의 복음이나 진리 그리고 십자가의 도를 위해서는 상당히 강한 어조와 태도를 보였음을 알 수 있다. 한마디로 그는 회심 후 하나님의 사도로서 매우 강한 복음관과 자부심을 갖게 된 것이다. 한 예로 그는 자신이 쓴 모든 서신의 글머리에 자신이 사람의 선택을 받은 것이 아니라 오직 하나님에게서 사도로 부르심을 받은 종임을 강조한다. 갈라디아서 1장 1절은 그의 강직한 성격을 엿볼 수 있는 아주 좋은 구절이다. 그는 자신의 사도직을 변호하면서 "사람들에게서 난 것도 아니요

10 Robert Speer, *Studies of The Man Paul* (New York, Chicago, and Toronto: Fleming H. Revell Company, 1900), p.250.

사람으로 말미암은 것도 아니요 오직 예수 그리스도와 그를 죽은 자 가운데서 살리신 하나님 아버지로 말미암아 사도 된 바울은"이라고 말한다. 그는 강하게 하나님의 도를 전하는 사도로서 자신의 사도직이 그 어떤 사람의 권위에서 나온 것이 아님을 암시하고 있다.

우리는 그의 강직한 성격을 다른 사도와의 관계에서도 살펴볼 수 있다. 열정적이고 날카롭고 불의를 참지 못하는 그의 성격 때문에 바울은 다른 사도들과 언쟁을 벌이거나 공격하곤 했다. 예를 들면, 바울은 마가라고도 불리는 요한을 놓고 바나바와 다투었고 결국 선교여행 중 갈라섰다(행 15:36-41). 또 베드로의 잘못을 놓고 사람들 앞에서 직접 그를 책망하기도 했다. 바울은 "모든 자 앞에서 게바에게 이르되 네가 유대인으로서 이방인을 따르고 유대인답게 살지 아니하면서 어찌하여 억지로 이방인을 유대인답게 살게 하려느냐 하였노라"고 말한다(갈 2:11-21). 물론 베드로의 위선적인 행동은 잘못된 것이었기에 정당한 책망이었지만 한편으로 대사도인 베드로를 강하게 비난한 것은 바울의 복음에 대한 열정과 강직한 성격을 잘 나타내고 있다. 이제 융의 심리학의 특징과 융 심리학의 주요 이론들을 통해서 로마서 7장 14-25절을 분석하고자 한다.

구스타프 융의 정신분석 심리학

목사의 아들로 태어난 융은 종교를 유아기적인 현상이라고 치부해 버린 지그문트 프로이트(Sigmund Freud)와는 달리, 십자가를 비롯한 종교의 상징적 요소들이 인간의 심리구조와 연관성이 있다고 봄으로써 인간의 성장과 성숙에 있어서 종교의 역할을 인정했다. 그러나 융이 종교를 존중하고 인간의 심리적 현상을 파악하는 데 유용하다고 생각했다 하더라도 융에게 있어 하나님이 존재하느냐 하지 않느냐의 문제는 그다지 중요하지 않다. 그에게 있어 가장 중요한 관심사는 하나님이라는 신적 존재의 개념과 종교적인 상징들이 어떻게 인간 성격의 역동적인 구조와 상호 연관성을 가지냐 하는 것이었다. 따라서 융은 자신의 심리학을 발전시키는 데 많은 종교적인 언어들을 사용했지만 주로 인간 존재를 표현하는 수단으로 사용되었다.

제임스 포시스(James Forsyth)는 융의 심리학 저서들에서 종교와 관련된 용어들을 많이 볼 수 있다고 말한다. 예를 들면, '영혼' (soul), '거듭남' (rebirth), '화해' (reconciliation), '에고를 십자가에 못 박음' (crucification of ego) 등인데, 이러한 "종교적인 단어나 표현들이 심리학적인 인간 실존과 과정을 설명하기 위해 사용되었다" 라고 말한다.[11] 그는 융에게 있어 종교의 가장 기본적인 목적은 인간의 온전함을 가져다주는 내적인 거듭남(rebirth)과 변혁 (transformation)이며, 융은 인간 존재의 의미와 목적을 탐구하고자 종교적 개념과 언어를 사용했다고 지적하고 있다. 이런 맥락에서 종교, 특히 인간의 존재의 가치를 하나님의 형상에서 찾는 한편, 인간의 존재 목적을 하나님의 구원의 의를 믿고 전파하며 하나님의 사랑과 정의를 이 땅 위에 실현시키는 것으로 두고 있는 기독교의 관점에서 본다면 융이나 프로이트나 비기독교적이긴 마찬가지라고 볼 수 있다. 즉 융의 정신

---

11 James Forsyth, *Freud, Jung, and Christianity* (Ottawa: Univesity of Ottawa Press, 1989), p.147.

분석학은 인간의 존재 그 자체보다 인간 존재 안에 구현된 하나님의 은혜와 그를 믿는 믿음을 중요시하는 기독교와는 기본적으로 반대되는 입장에서 출발하고 있는 셈이다.

존 다우리(John Dourley)는 융의 심리학에서 차지하는 하나님의 존재를 이렇게 설명한다.

> "신과 인간의 관계에 대해서 재해석하는 데 있어서 융은 인간 역사 안에서 이루어지는 창조나 구원과 같은 일방적이고 자발적인 행동들을 하는 신적 존재를 믿지 않는다." 12

그렇다면 융 심리학이 기독교를 이해하는 데 있어서 어떤 역할을 할 수 있을까? 융이 비록 기독교에서 말하는 초월적이고, 창조주이자 구원자이신 하나님의 존재와는 다르게 '신적 존재' 를 설명하지만, 인간의 역사와 분리해서 다룰 수 없는 종교를 인간의 심리와 존재를 연구하는 데 긍정적으로 연결시키고 있다는 점에서는 공헌한 바가 크다고 할 수 있다. 융은 하나님을 우리 인간 안에 자리잡고 있는 내적 실체(inner reality) 혹은 내적 자원(inner resource)으로 이해했다. 다우리는, 융은 인간의 무의식 가운데 드러나는 신적인 힘(divine power)의 의도는 인간의 개인적인 온전함(personal wholeness)을 이루는 것인데, 이것은 신과의 활발한 감정 이입을 통하여 가능해진다고 믿었다. 융은 이러한 현상을 인간의 무의식 속에 잠재해 있는 '거룩한 계획' (divine plan)이라고 불렀다고 말하면

12 John Dourley, *A Strategy for a Loss of Faith* (Toronto: Inner City Books, 1992), p.121.

서 인간의 무의식 속에서 역사하는 신과 그를 통한 인간의 온전함에 대한 융의 견해를 소개하고 있다. 포시스 또한 기독교 신앙과 융 심리학 사이의 상호 연관성에 대해 '자기 수용'(self-acceptance)의 예를 들어 말하면서, 기독교 신앙과 융 심리학 모두 자기 수용을 중요하다고 강조했다. 그는 크리스천들은 하나님의 은혜, 즉 인간들을 무조건적으로 받아 주시는 그 은혜로 말미암아 '자기 수용'을 믿음 안에서 경험하게 된다고 언급하면서, 이러한 자기 자신 안에 있는 악하고 어두운 면을 포함한 온 자아를 인정하고 받아들이는 문제야말로 인간이 가지고 있는 윤리적 문제의 핵심이라고 지석하고 있다.

다우리와 포시스의 견해에 비추어 볼 때, 융의 심층심리학은 기독교를 포함한 종교를 이해하는 데 적지 않은 도움을 주며, 로마서 7장에 나타난 바울의 갈등하는 자아를 융 심리학을 사용하여 조명하는 것은 나름대로의 가치가 있다고 생각한다. 실제로, 융과 바울이 이데올로기 면에서 유사한 면을 가지고 있다고 주장하는 학자도 있다. 예를 들면, 데이비드 칵스(David Cox)는 "융과 바울은 자신들이 특별한 성격과 이상 그리고 삶 속에서의 목적을 가지고 있음을 자각하고 있었으며, 동시에 자신들이 의도한 계획이나 목적 등이 자주 생각대로 이루어지지 않고 있음을 깊이 인식하는 사람들이었다"[13]고 지적하고 있다.

이 장에서 나는 융의 정신분석학을 자세히 설명하는 방법은 피했다. 왜냐하면 그것은 이 책의 목적이 아닐 뿐더러 방대하고 복잡

13 David Cox, *Jung and St. Paul* (New York: Associated Press,1959), p.338.

한 융의 심리학을 한 권으로 요약하는 것은 큰 의미가 없을 것이며, 융의 심리학으로 바울을 분석하는 데 한 권의 책으로도 모자랄 것이기 때문이다. 이 책은 종교심리학보다는 목회신학과 돌봄의 관점에서 바울 신학과 신앙을 다루고 있기에, 융의 정신분석학의 핵심 개념 중 세 가지 개념 - 의식(consciousness)과 무의식(unconsciousness), 그림자(shadow) 그리고 개체화 (individuation) - 등을 사용하여 로마서 7장 14-25절에 나타난 바울의 갈등하는 자아를 분석하려고 한다. 융의 심리학을 기독교 영성 혹은 목회상담심리를 분석한 학자로 자주 인용되는 앤 율라노프(Ann Ulanov)가 있는데, 국내에도 그의 저서가 번역되어 나와 있으므로 관심 있는 독자들은 이를 참조하면 적지 않은 도움이 될 것이다.

의식과 무의식(Consciouness and the Unconsciousness)

의식은 한 사람의 주체적인 인식, 자각 그리고 인지를 의미하며, 이러한 의식적인 자각 혹은 인지는 사람이 자신의 행동을 숙고(reflection)할 수 있는 기능을 동반한다. 반면에 무의식은 의식의 경계 아래에 위치해 있거나 의식 속에 억눌려 있던 모든 심리적인 요소들을 일컫는다. 무의식적인 과정들은 의식적인 마인드(mind) 와 완전히 별개로 여겨지기보다는 서로 영향을 주고받는 밀접한 상호관계를 맺는다. 융은 "의식과 무의식은 서로 반대로 따로따로 존재한다기보다는 인간의 총체적인 완전성, 즉 자아를 이루기 위해서 상호 역할을 한다"[14]고 말하며 의식과 무의식의 관계를 설명한다.

14 C.G. Jung, *Two Essays on Analytical Psychology* (New York: Pantheon Books, 1953), p.177.

로마서 7장 14-25절에서 우리는 바울 안에 존재하는 두 개의 심리적인 실체를 발견하게 되는데, 그것이 바로 의식과 무의식이다. 바울이 겪는 자아의 갈등의 실체가 자신이 하고자 하는 것은 행하지 않고 미워하는 것을 행하는 것이라고 볼 때, 의식과 무의식은 중요한 심리적 개념이 된다. 바울의 마음속에서 갈등의 심리상태가 역동적으로 일어나고 있는 것이다. 바울은 의식적으로 그의 마음속에 존재하는 '무의식' 이 하는 것을 인식하고 있다. 거드 데이센(Gerd Theissen)은 "의지(willing)와 행함(doing)의 갈등의 배후에는 율법(law)과 육체(flesh)의 갈등이 존재한다. 그리고 이러한 심리적인 내부의 갈등을 바울은 의식적으로 인식하고 있다"[15]고 설명하고 있다.

여기서 우리는 의식의 제한적인 역할을 알 수 있다. 다른 말로 하면, 본질적으로 인간의 의식은 전능한 실체가 아니라 한계를 가질 수밖에 없기 때문에, 인간은 어떤 형태의 갈등으로부터 자유로울 수 없다. 즉 인간은 의식적인 의지로 자신의 마음 깊은 곳에서 불쑥불쑥 튀어나오는 무의식적인 행동과 생각을 늘 제어할 수는 없는 것이다. 칵스는 이 점을 잘 간파하고 있다. 그는, 융은 인간의 자아가 무의식을 의식화하면서 진정한 자기를 이룰 수 있다고 했지만, 인간이 끊임없이 일어나는 내적인 갈등에서 자유로워지기 위해서는 인간을 뛰어넘는 초월적인 힘을 의지해야만 한다고 지적하면서 다음과 같이 말한다. "믿음으로 말미암은 의로움은 그 어떤 사람의 힘으로는 주장할 수 없는 은혜의 선물이라는 것을 바울은 우리에게

15 Gerd Theissen, *Psychological Aspects of Pauline Theology*. translated by Galvin John (Philadelphia: Fortress Press,1983), p.232.

보여주고 있다."[16] 24-25절을 보면, 우리는 칵스가 말하고 있는 바를 잘 이해할 수 있다. 바울은 "오호라 나는 곤고한 사람이로다 이 사망의 몸에서 누가 나를 건져내랴 우리 주 예수 그리스도로 말미암아 하나님께 감사하리로다 그런즉 내 자신이 마음으로는 하나님의 법을 육신으로는 죄의 법을 섬기노라"라고 말하며 자신의 곤고한 마음 깊은 곳에서 발생하는 죄와의 갈등을 하나님의 은혜로밖에는 이길 수 없노라고 고백한다.

결국 바울은 자신의 의지와는 상관없이 마음속에서 무의식적으로 나오는 죄악 된 것들 때문에, 자신의 자아를 온전하게 받아들이기보다 오히려 자신의 의지의 제한성을 고백하게 된다. 그리고 그의 무의식 속에 존재하는 죄의 존재를 깨달으며 하나님의 은혜를 구함으로 해결책을 발견하게 된다. 바울은 "내가 그리스도와 함께 십자가에 못 박혔나니 그런즉 이제는 내가 사는 것이 아니요 오직 내 안에 그리스도께서 사시는 것이라"(갈 2:20)고 고백한다. 이와 같은 고백은 자신의 인간적인 자아를 완전히 부정하고 새로운 자아를 십자가 안에서 다시 찾는 과정이 바울의 영성이라고 긍정적으로 생각할 수 있다. 그러나 융의 심리학의 다음 개념인 '그림자'(shadow) 이론에 따르면, 전혀 다르게 설명할 수 있는데, 어떻게 묘사되는지 살펴보기로 하자.

그림자(Shadow)

융의 정신분석학에서 그림자는 인간의 성격 중 악하고 어두운

16 David Cox, 앞의 책, p.159.

부분을 일컫는다. 인간의 내면에 잠재해 있는 어둡고 비관적인 부분이며 잠재적으로 악(evil)으로 발달할 수 있는 그림자는 우리가 의식적으로 인식하고 있는 일반적인 규범들과 충돌하기 때문에 인간의 내면에 억눌린 상태로 존재한다. 다른 말로 하면, 그림자는 사람들이 가지고 있는 의식적인 윤리와 도덕적인 규범과 관습들과 조화를 이룰 수 없기 때문에 가두어 둘 수밖에 없는 것이다. 이에 대해 앤서니 스토(Anthony Storr)는 "융은, 대부분의 인간들은 보이는 것처럼 그렇게 그들 자신이나 타인에게 있어 선하지 못하다. 우리는 모두 우리 자신이 생각하는 것보다 더 소유욕이 강하고, 음탕하며, 욕심도 많고, 또한 시기심도 많다고 가정한다"[17]고 말한다.

이러한 부정적인 의미에도 불구하고, 우리는 자기와 하나님을 탐구하는 데 있어서 그림자의 긍정적인 역할을 인식할 필요가 있다. 포시스는 "신앙인이 온전함과 자기다움 (selfhood)을 발견한다면 그것은 그가 자신의 성격의 어두운 면을 인정하고 껴안을 수 있는 용기를 발견했기 때문이다"[18]라고 말하면서, 그림자를 인정하는 것이 참된 자기를 발견하며 유한한 인간이 영원한 존재인 하나님이라는 신적 존재를 찾아갈 수 있는 비결임을 강조하고 있다. 사실 그림자를 포함한 자기 수용(self-acceptance)은 대단히 중요하다. 왜냐하면 자기 수용을 통하여 인간은 도덕적이고 종교적인 완벽주의에 잠재해 있는 자기에 대한 선입관으로부터 자유로워질 수 있는 자기 초월(self-transcendence)에 이를 수 있는 가능성이 열리기 때문이다. 융은 자기 수용을 하나님이 자신을 받아 주셨다는 관점에

17 Anthony Storr, *C. G. Jung* (New York: The Viking Press, 1973), p.52.
18 Forsyth, 앞의 책, p.52.

서 자신의 전체 자아를 받아들이는 것으로 이해했다.

융의 그림자 개념은 우리가 갈등하는 바울의 자아를 연구하는 데 도움을 준다. 로마서 7장 23절에서 바울은 "내 지체 속에서 한 다른 법이 내 마음의 법과 싸워 내 지체 속에 있는 죄의 법으로 나를 사로잡는 것을 보는도다"라고 말한다. 이러한 고백 속에서 바울은 자신 안에 잠재해 있는 죄악된 모습들, 즉 하고자 하는 선을 행하지 못하며 악과 함께 있는 자신의 내면을 보았음에도 불구하고 자신의 그림자와 대면하지 못하고 있음을 보여준다. 즉 바울은 융의 관점에서 봤을 때 '자기'(the self)를 발견하는 데 실패하고 있음을 알 수 있다. 왜냐하면 미워하는 것을 행하는 책임을 자신이 아닌 죄로 돌리고 있기 때문이다. 영적인 관점에서 볼 때, 바울의 고백은 분명히 선하고 하나님 보시기에 합당한 고백일 것이다. 또한 솔직하고 온 몸으로 부딪히며 절규하는 그의 모습 속에서, 우리는 강한 영적인 힘을 지닌 바울을 느낄 수 있다. 반면에 심리학적으로 보았을 때, 바울이 인간 안에 존재하는 그림자를 잘 이해했는지에 대해서는 회의적이다. 그는 "이제는 그것을 행하는 자가 내가 아니요 내 속에 거하는 죄니라"(롬 7:17)라고 하고, "만일 내가 원하지 아니하는 그것을 하면 이를 행하는 자는 내가 아니요 내 속에 거하는 죄니라"(롬 7:20)라고 고백한다.

이렇게 볼 때 우리는 바울이 자기가 저지르는 악한 것들의 실체를 보았지만 그것을 자신의 성격의 일부분인 그림자가 아니라 자기와는 별개인 죄의 문제로 보았던 것이다. 다른 말로 표현하면, 자기 안에 존재하는 그림자를 자신의 성격의 일부로 받아들이지 않음으로써 바울은 의식적으로 자신의 총체적인 자기(self)를 받아들이지 않고 있는 것이다. 미국의 융 정신분석 전문가이며 성공회 신부인 존 샌포드(John Sanford)는 "그(바울)는 다른 사람들이 그의 영적 고투를 본받아 페르소나 및 그림자 문제와 씨름하도록 격려하지는 못했다. 도리어 그는 사람들에게 그림자의 존재를 부정하고 그것을 억압할 것을 요구했으며, 선, 빛, 사랑의 페르소나와 동일시할 것을 장려하였다"[19]고 말하고 있다. 그는 또한 로마서 7장에 나타난 바울의 한 인격체 안에서 벌어지고 있는 영적인, 심리적인 이중성에 대해서 다음과 같이 지적한다.

> 우리는 바울이 자아-이상과 그림자 사이에 있는 이중성에 대해 이야기하고 있음을 알 수 있다. 불행하게도, 바울은 이 정반대의 성향을 자신의 일부로 받아들이지 않았다. 결국 그는 이렇게 하는 것은 자신이 아니라 '내 속에 자리를 잡고 있는 죄' 라고 선언한다. 이것은 바울이 그림자를 자신의 본성의 불가피하고 정당한 일부로서 받아들이지 않았다는 뜻이다. 그가 할 수 있었던 유일한 해결책은 자신에게서 그림자를 제거할 방법을 모색하는 것이다.[20]

이런 관점에서 볼 때 하나님의 사도가 아닌 인간 바울은 다음에 나올 융의 개성화를 경험하는 데 심리적인 어려움을 겪을 수밖에 없었던 것으로 보인다. 더 나아가 바울의 이러한 경향은 현대사회

19 John A. Sanford, *Evil: The Shadow Side of Reality* (New York: Crossroad, 1981), 심상영 역, 《융 학파 정신분석가가 본 악》 (서울: 심층목회연구원 출판부, 2003), p.123.

20 위의 책, p.124.

에서 목회하는, 특히 열정적이고 강렬한 성령의 체험을 한 목회자에게도 나타나는 심리적 현상이라고 볼 수 있으며, 이런 부분들을 단지 죄와 하나님의 은혜로만 돌릴 문제인지 다시 한 번 돌아볼 필요가 있다. 더욱이 많은 크리스천들이 이 땅 위에서 하나님의 부르심에 합당한 삶을 살지 못하고 있으며, 목회자의 성적 타락과 지나친 물질에 대한 욕심으로 인한 타락 그리고 명예욕 등으로 지탄받고 있는 이때, 좀 더 솔직히 우리 안에 있는 어두운 면을 인정하는 것이 더 성숙한 자세가 아닐까 하는 회의가 들기도 하는 이유이다.

우리가 경험하는 고통과 상처의 깊은 내면적인 원인은 바로 자신 안에 숨어 있는 어두운 그림자를 인정하지 않고, 마치 그것을 무가치하고 버려야만 할 것인 양 억압한 채 살아가려고 하기 때문이 아닐까. 그렇다면 우리는 우리의 상처를 치유자이신 예수님께 가지고 나아가기가 여간 고역이 아닐 수 없다. 왜냐하면 예수님은 우리가 솔직하게 있는 모습 그대로 나아오기를 원하시기 때문이다. 자신이 저지른 죄의 모습뿐만 아니라 내 안에 있는 그림자를 인정하고 가면을 벗어버리기 위한 과정, 바로 그 과정이야말로 예수님께서 우리의 고통과 상처를 싸매시는 방법임을 기억할 필요가 있다. 샌포드는 이에 관해 다음과 같이 잘 묘사하고 있다.

> "예수께서 촉구하고 있는 것은 우리의 삶과 인격이 완성되어야 하며, 우리의 삶과 인격이 예정대로 궁극적인 목적을 향해 나아가야 한다는 것을 의미하는 것이다. 이것은 필연적으로 그림자를 인식하는 것과 관계가 있으며, 우리 자신의 그늘진 부분을 전체의 불가피한 일부로 받아들이는 것과 관계가 있다. 예수께서 제안하는 그림자 문제의

해결책은 정신적 의식의 성장(growth of psychological consciousness)과 관계가 있을 뿐만 아니라, 영적 성숙(spiritual maturity)과도 관계가 있다. 그것은 우리의 밝은 면은 물론이고 어두운 면도 인정하는 것이다."[21]

개성화

개성화(individuation)는 융 심리학의 가장 핵심을 이루는 개념이다. 앞에서 다루었던 의식과 무의식, 그림자 외에도 가면(persona)과 같은 개념들은 인간이 전체적인 자아를 성취하는 과정, 즉 개성화를 설명해 주는 역할을 한다. 융은 개성화를 인간이 자기 자신의 자아(self)가 되어가는 것으로 정의한다. 따라서 개성화는 자기 됨(selfhood) 혹은 자기 실현(self-realization)으로 이해한다. 융은 "개성화가 지향하는 목적은 자아에서 그 안에 거짓된 포장으로 그럴듯하게 자리잡은 가면(persona)을 벗겨내는 것"[22]이라고 말하고 있다. 다른 말로 표현하면, 개성화 과정의 목표는 인간의 온전함(wholeness) 혹은 자기 됨을 성취하는 것이다. 융 심리학에서의 개성화 과정은, 한 사람의 도덕적인 노력은 단순히 도덕적인 완벽을 이루는 것보다 온전함 또는 인간으로서의 총체적인 완전함을 목적으로 하며, 이러한 이상적인 개성화가 이루어지기 위해서는 성격의 어두운 면이 성격 안에서 통합해야 한다. 이렇게 볼 때, 주체로서의 한 인간은 도덕적으로 완전한 의인이 되고자 하는 완벽주의, 진정한 자신이 아닌 허위와 위선과 기만으로 포장된 가면, 그리고 성격

21 위의 책, p.140.
22 Jung, p.174.

안의 어둡고 악한 면 등의 극복을 통하여 개성화를 통한 온전함에 이를 수 있는 것이다.

융의 인격적인 전체성(wholeness)의 개념에 기초해 볼 때, 바울은 개성화와 인격의 전체성의 과정을 이루어가는 데 실패한 모습으로 비친다. 무엇보다도 바울은 자신의 성격의 어두운 면을 자신의 자아에 통합하는 데 실패했다. 그는 21절에서 "선을 행하기 원하는 나에게 악이 함께 있는 것이로다"라고 고백하면서 자기 내부에 존재하는 어두운 면을 인식한 것은 분명하다. 그러나 앞에서 이미 말한 바 있지만, 바울은 있는 그대로의 자신을 받아들이고 인정하지 않고 자신은 선을 행하기 원하는데 자기 안에 있는 죄가 방해하고 악을 행한다고 말한다. 심리학적인 관점에서 볼 때 바울은 어쩌면 자아 방어(ego-defensiveness)를 하고 있는지도 모른다. 즉 하나님의 택하심을 받은 사도로서 자부심이 대단했는데, 죽은 것 같았던 자신의 육신이 원하지 않는 악한 것들을 하는 것을 볼 때 강직한 성격의 바울이 이를 자신의 것으로 용납하기는 어려웠을 것이다. 물론 우리는 모두 하나님의 구원의 은혜로 새로운 자기를 만들어간다. 본문에서 바울은 자신이 곤고한 사람이라고 탄식은 하지만 죄를 행하는 자신을 인정하지 않고 다만 자신 안에 있는 죄가 악한 것들을 행한다고 말한다. 융에 따르면, 자아 방어를 초월하려면 악하고 어두운 '그림자'의 존재를 인식하고 인정해야 한다. 바울은 자신의 어두운 면을 받아들이지 않을 뿐더러 때로는 자기 자신 안에 선을 행하는 것도 없다고 말한다(롬 7:18).

이렇게 볼 때, 바울은 총체적인 온전함을 이룰 때 완성되는 '자기'를 잃어버리고 있는 것처럼 보인다. 나는 인간 바울의 성격 때문이라고 생각한다. 앞에서도 말한 대로 바울은 매우 강한 영적 사람이다. 또한 모든 일에 매우 열심이고 열정적이고 열광적인 사람이다. 그가 회심 전에 크리스천들을 핍박한 정도와 회심 후 하나님의 사도로서 보인 헌신을 보면 바울이 얼마나 매사에 도전적이고 열심을 가진 사람인지를 잘 알 수 있다. 그는 자신을 예수 그리스도의 십자가 앞에서 죽은 사람이라고 묘사한다(갈 2:20). 이렇게 볼 때 우리는 바울이 영적으로도 완벽하기를 원했던 것으로 묘사할 수 있다. 즉 바울은 일절 죄가 없으며 한 점 부끄러움 없는 하나님의 사도가 되고자 자신을 치면서까지 노력했던 것이다. 과연 그의 그러한 하나님의 부르심에 충성을 다하는 열정을 '완벽주의'로 볼 수 있느냐 하는 것은 의문의 여지가 있지만, 로마서 7장 14-25절을 비롯한 다른 곳에서 볼 수 있는 바울의 성격들을 분석해 볼 때 바울이 무엇을 해도 완벽하게 하려고 했던 것을 무시할 수만은 없을 것이다. 그의 영적인 완벽주의를 보여주는 예를 그의 서신 곳곳에서 찾아볼 수 있는데, 그중에서도 그가 사용한 단어들 속에 그의 성격이 드러나 있다. 예를 들면, 그는 그의 서신에서 '더 이상(no longer)', '오직'(only), '죽음'(death), '절대로'(never), '그리스도의 노예'(slave), '배설물'(rubbish) 등의 강한 어조의 단어를 주로 사용하고 있다.

융은, 인간관계는 관계를 맺는 개개인들이 자기 자신이 불완전하다는 것을 인정할 수 있는 능력을 성취할 때 비로소 가능하다고 말한다. 여기서 자신의 불완전성이란 자신의 내부에 있는 그림자를 인식하는 것을 포함한다. 만일에 바울이 자신의 그림자를 인정하고 받아들였다면, 그는 다른 사도들의 약함을 통해서 드러나는 그들 안에 있는 어두운 면들도 이해했을 것이다. 바울이 다른 사도들과의 관계에서 어려움을 겪었으리라고 추측할 수 있는 것은 바로 이러한 연유에서 찾을 수 있다.

마지막으로, 융의 개성화와 온전함과 관련하여 믿음에 대해서 잠깐 언급하고 이 장을 마치고자 한다. 포시스는 융의 정신분석학을 근거로 해서 믿음이 무엇인지를 설득력 있게 보여준다. 그는, 믿음은 자기 의를 드러내려고 하는 도덕적이고 종교적인 완벽주의를 추구하는 것을 포기하는 순간에 가능하다고 지적한다. 그의 지적은 융의 개념으로도 이해가 가능하다. 즉 융의 심리학에서 믿음은 자신의 그림자를 인식하고 인정하면서 자신의 '전체적인 자기'(total self)를 의식적으로 받아들임과 함께 형성된다.

그렇다면 우스꽝스럽게 들릴지 모르겠지만 자신의 '전체적인 자기'를 받아들이지 못한 것으로 보이는 바울의 경우 신앙이 없는 것일까? 대답은 간단하다. 그렇지 않다. 분명히 바울은 하나님 앞에서 정직한 믿음을 지키고자 육체적, 정신적, 영적 시련을 당한 하나님의 사람이었다. 그런데 바울은 왜 자신 안에 있는, 어쩌면 모든 인간 안에 잠재해 있을 수도 있는 어둡고 악한 면들을 인정하지 못하고 모든 것을 죄의 탓으로 돌렸을까? 그것은 바로 융의 정신분석학에서 언급하는 믿음과 넓게는 기독교, 좁게는 바울의 영적인 체제 안에서의 믿음 사이에 커다란 기본적인 차이가 있기 때문이다. 칵스는, 융은 하나님 안에서의 믿음을 단지 인간의 삶에 있어서 가장 근본적인 목적을 달성하는 데 필요한 중요한 단계로만 간주한다고 말하고 있다. 따라서 우리는 융의 심리학에서 말하는 믿음을 논의할 때, 기독교에서 강조하는 죄와 회개와 죄 사함 그리고 예수 그리스도의 십자가와 부활, 하나님의 의를 믿는 믿음 등과 중복해서 생각할 필요는 없다. 어쩌면 이것이 융의 정신분석학을 기독교 신앙에 적용할 때 부딪치는 한계일지도 모른다.

비록 바울처럼 우리 자신 안에 있는 그림자의 문제를 해결하지 못했다고 해서 너무 실망할 필요는 없다. 우리가 삶 속에서 부딪치는 고통과 어두움, 좌절과 상처, 소외와 절망 속에서 계속적으로 용기와 희망을 주시는 하나님을 발견할 수 있는 가능성이 항상 우리 앞에 열려 있기 때문이다. 융의 정신분석 심리학을 가지고 기독교 영성을 해석하는 프랑스의 분석심리학자인 에르나 반 드 빙켈은 "기독교 신앙에 관한 융의 근본적인 오류는, 그가 비록 성실한 학자로서 종교에 관해 어떤 선입관을 가지고 있지는 않았지만 그가 하나님을 알지 못했다는 사실에 있다. 여기에서 우리는 다시금 우리의 신앙을 통해서 우리가 하나님이 어떤 분이신가 하는 사실을 알고 있는 것이 정말 하나님의 은혜 때문에 가능하다는 사실을 알게 된다"[23]고 하나님의 사랑으로 인한 은혜의 중요성에 대해 역설하고 있다.

결론적으로 융의 기독교 신앙과 믿음에 대한 심리학적인 분석은 우리에게 매우 도움을 준다. 바울은 자신의 어두운 면들을 인식하면서도 인정하지 않은 상태에서 그토록 강한 열정적인 신앙인으로 살았으며, 내가 약할 때 곧 강함이라는 역설적인 고백을 할 수 있었다. 아마도 이것은 그의 강렬한 회심의 경험 탓이었을 거라고 추측해 볼 수 있다. 그럼에도 불구하고 바울이 자신이 원하는 선은 행하지 않

23 Erna Van De Winckel, *De l' inconscient a Dieu: Ascese Chretienne et Psychologie de C.G. Jung.* 김성민 역, 《융의 심리학과 기독교 영성》 (서울 : 다산글방, 2002), p.186.

고 악을 행하는 것이 자신이 아니라 죄라고 한 것은 평범한 신앙인들에게는 자신의 악한 행위를 피할 수 있는 면죄부로 작용할 오해도 다분히 있다. 물론 이 땅에 편만한 죄로 말미암아 우리는 악한 시험에 빠질 수 있지만, 일상적인 삶 속에서 부딪치는, 우리 스스로가 판단해서 저지르는 나쁜 생각과 언행은 누구의 잘못인가? 단순히 죄의 탓으로만 돌리면 면죄부를 받는 것일까? 그렇지 않을 것이다.

이런 의미에서 융의 심리학은 직접 언급하거나 다루지는 않았지만 우리로 하여금 하나님께서 자신의 형상 안에 인간을 창조하실 때 부여하셨던 '책임감'을 깨닫게 해준다. 하나님과 이웃과 우리 자신에 대해 책임감 있는 존재로 바로 서 있으려면 융의 견해대로 우리 안에 깊이 존재하는 그림자를 받아들이며 진정한 자기를 발견하는 과정이 반드시 필요하다. 그러나 융의 심리학처럼 거기서 머무르는 것이 아니라 바로 자기 안에서 인간의 온전함 대신에 한계를 발견하여 하나님께 돌아갈 때, 우리에게 하나님은 심리학의 하나님이실 뿐만 아니라 영의 아버지시요 온 인류를 창조하시고 지금도 간섭하시는 창조주 하나님으로 우리 마음과 심령 속에 영원히 우리와 함께 거하실 것이다.

요약

지금까지 로마서 7장 14-25절에 나타난 사도 바울의 갈등하는 자아를 융의 심리학 이론에 비추어 분석해 보았다. 어쩌면 하나님의 부르심에 끊임없이 응답하며 열정적인 사역의 현장 속에서 사역했던 신학의 거장인 바울을 현대 심리학 이론으로 분석한다는 것이 그다지 큰 의미가 없거나 무가치한 것으로 여겨질지도 모른다. 왜냐하면 기독교 신앙에는 그 어떤 세상 학문의 이론과 사람들의 관습이나 전통이 이해하거나 알 수 없는 영적인 부분들이 분명히 내포되어 있기 때문이다. 반면에 자신의 내부에서 문득문득 벌어지고 있는 세상 유혹과 시험 속에서 저지르는 우리의 연약함과 죄악 된 것들을 그저 앵무새처럼 죄로 돌리기만 하면 다 해결될 것 같은 생각이 들곤 하는 것 또한 사실이다.

그러나 우리가 저지르곤 하는 잘못된 행위들을 그저 죄로 돌리고 하나님의 은혜를 구하는 과정을 반복하는 것은 기독교 신앙을 잘못 이해하는 것이다. 하나님은 우리가 우리 죄를 마음으로 뉘우치고 입술로 고백하기를 원하신다. 우리의 마음이, 즉 심령이 우리 안에 있는 죄악 된 것들을 깨닫고 뉘우친다는 것은 바로 융이 말한 우리 안에 존재하는 '그림자' 를 의식적으로 인정하는 것과 어느 면에서는 상통하는 부분이 있다. 우리가 신앙인으로 삶을 살아가는 과정에서 우리 안에 여전히 자리잡고 있는 어둡고 악한 면들을 인정하고 극복하고자 노력한다면 우리는 진정한 자아를 발견하게 될 것이다. 이런 맥락에서 융의 심리학은 크리스천들이 삶의 자리에서 부딪치는 모든 고통과, 아픔과, 불의와, 부조리 등을 영적으로만 해석하려는 실수를 보완해 주는 역할을 하고 있는 셈이다.

이 장에서는 바울의 성격과 자아를 융의 심리학 이론으로 분석했는데, 다음 장부터는 공동체적 컨텍스트 중심의 목회신학과 목회돌봄과 목회상담 패러다임과 바울의 사역과 신학을 연결함으로써, 바울의 사역과 신학이 오늘날 우리가 경험하는 고통과 좌절과 아픔을 이해하는 데 어떤 도움을 주는지 알게 되기를 희망한다.

제4장

신앙공동체적 목회상담과 바울의 공동체적 교회관

제1장에서 살펴본 것처럼 신앙공동체적 목회돌봄과 목회상담은 컨텍스트적 접근방법과 함께 현대 목회돌봄과 목회상담에서 중요한 새로운 패러다임으로 떠오르고 있다. 물론 그렇다고 해서 상담자와 내담자와의 일대일 치유(therapy)와 그룹 치료 등을 강조하는 전통적인 목회상담 방법과 필요성을 전부 부인하는 것은 아니다. 아직도 한국 교회의 많은 교인들은 교회 내에서 목회자의 역할에 대해서 많은 기대를 가지고 있음을 부인할 수 없다. 즉 자신들이 가지고 있는 정신적, 내적, 영적인 어려움과 문제들에 대해 목회자가 적절한 처방책을 줄 수 있으리라 믿고 그를 찾아가는 것은, 목회자에 대해서 성도들이 갖는 당연한 역할이기도 하다. 따라서 성도 한 사람 한 사람의 삶을 이해하고 그들이 부딪치면서 겪는 아픔과 절망적인 상태를 보다 과학적이고 체계적으로 분석할 수 있는 다양한

상담방법(counseling methods)과 심리치료기법(psychotherapeutic skills) 등을 목회자가 잘 터득하여 사용할 수 있다면, 보다 효과적으로 내담자를 상담할 수 있을 것이다.

그러나 21세기를 지나고 있는 교인들의 삶을 살펴보면 예전과는 달리 매우 복잡하고 다양하며, 너무도 빠르게 변해 가는 사회문화적, 정치경제적인 환경 속에서 살고 있다. 이런 환경과 제도 속에서 교인 한 사람 한 사람의 모든 어려움과 아픔 등을 목회자 한 사람이 다 책임지는 것은 거의 불가능하며 그리 바람직하지도 않다. 더 나아가 전문적인 상담기법이나 심리치료 혹은 목회심리학 등에 대한 지식이 있다 하더라도 교인들을 수동적인 목회자의 목회적 돌봄과 상담의 대상으로만 보는 것은, 교회의 목적과 목회의 방향을 극단적으로 단순하게 여기는 것이다. 교회의 성장이 둔화되고 기독교에 대한 신뢰도가 날이 갈수록 떨어지고 있는 현 시점에서 그 원인을 목회상담학적으로 분석한다면, 바로 목회자가 교회 내에서 소유한 지나친 종교적 권력과 목회자 한 사람에게 집중된 과도한 책임과 역할 때문임을 부인할 수 없다. 따라서 신앙공동체적 모델은 담임목회자 혹은 부담임교역자 등 안수 받은 목회자의 일로만 여겨 왔던 '돌봄' 의 역할을 교인들과 함께 공동체 안에서 나눈다는 의미에서 특히 오늘날 한국 교회에도 중요한 도전을 주는 목회상담신학 패러다임이라고 할 수 있다.

전통적으로 성서신학과 조직신학의 영역에서 연구되어 왔던 바울과 그의 신학이 목회상담신학과 돌봄과 상담의 관점에서 재조명되어야 할 이유와 가치가 바로 여기에 있다. 1세기경에 쓴 자신의 서신들을 통해 바울은 죽음에서 부활하신 예수님을 온전히 믿는 참다운 신앙공동체의 모습을 창조적이고 웅변적으로 해석하는 한편, 신앙공동체를 통해 당시 유대적인 종교적 편견과 종교 지도자들의 권력, 관습과 제도, 정치사회적 편견에 신랄하게 도전하고 있는 것이다. 바울 서신에 나타난 바울의 신앙공동체를 알아보기 전에 먼저 목회상담학적 관점에서 '공동체'(community)의 개념과 '돌봄공동체'(caring community)를 이루기 위해서 무엇이 필요한지를 살펴보며 독자들의 이해를 돕고자 한다.

공동체란 무엇인가

마가렛 콘펠드(Margaret Kornfeld)는 자신의 저서인 《온전함을 이루어가기》(*Cultivating Wholeness*)에서 역동적으로 공동체의 개념을 정의한다. 그녀는 "공동체는 단순히 치유가 발생하는 장소의 의미를 넘어선다. 다른 말로 하면 공동체란 치유(healing)의 역사가 이루어지는 수단이다"[24]라고 공동체를 설명한다. 한마디로 말해서 공동체를 통해서 각 구성원들의 심리적, 정신적, 영적인 아픔이 치유되고, 상한 심령이 회복되며, 절망에서 허우적대는 이들이 희망을 발견하게 되는 것이다.

콘펠드는 공동체의 개념을 정의하면서 참된 공동체(real community)와 유사 공동체(pseudo community)를 구별한다. 참된 공동체에서 각 구성원들은 진정하고 친밀한 상호관계를 통해서 하나님의 형상을 따라서 창조된 본래의 온전함을 경험할 수 있게 된다.

---

24 Margaret Kornfeld, *Cultivating Wholeness* (New York and London: Continuum, 1998), p.16.

그러나 아쉽게도 모든 공동체가 치유와 온전함을 경험하는 은혜의 장은 아니다. 어떤 공동체에서는 각 구성원들이 소외와 억압 그리고 분열과 편견을 경험하게 되는데, 콘펠드는 그러한 공동체를 유사 공동체라고 부른다. 나 자신이 느끼는 두려움과 다른 사람들로부터 받아들여지고 있지 않다는 소외감 등을 말할 수 없을 때 우리는 유사 공동체에 속해 있다는 것이다. 콘펠드는 이어서 말한다. "유사 공동체 안에서는 자신이 아닌 다른 사람의 눈에 비추어진 자신에 더 신경 쓰기를 강요당한다. 더 나아가 유사 공동체 안에서는 다른 사람들이 나의 약하고 상처받기 쉬운 모습까지도 인정하고 받아들일지 신뢰할 수 없다."[25] 결국 유사 공동체 안에서는 서로의 차이점과 각자가 가지고 있는 독특성보다는 획일적이며, 서로 다른 점들에 대해서 수용적이 아닌 배타적이며, 공동체에 적합하지 않은 구성원들은 환영받지 못한다.

위에 상술한 공동체에 대한 콘펠드의 정의는 현대를 살아가는 우리 크리스천들과 한국 교회에 시사하는 바가 크다. 특별히 기독교의 성장세가 크게 둔화되고, 한국 교회가 한국 사회에서 제 역할을 감당하지 못할 뿐만 아니라 교회가 넌크리스천들에게 신뢰를 얻지 못하는 위기의 시점에서 우리는 왜 교회가 이 땅 위에 존재해야 하는지, 그 역할은 무엇인지를 정말 진지하게 물어보아야만 할 것이다. 한국 교회는 하나님 보시기에 합당한 참된 돌봄공동체(caring community)의 모습으로 회복하기 위해 스스로 혁신할 것인가, 아니면 유사 종교공동체로 전락할 것인가? 흔히들 교회를 신앙공동체라

25 위의 책, p.18.

고 부르는데, 신앙이라는 이름으로 교회에 모인 이들이 교회 내에서 또 다른 형태의 아픔과 상처와 비인간화와 폭력을 경험한다면 더 이상 그곳은 하나님이 기뻐하시는 참다운 신앙공동체라고 할 수 없을 것이다. 그렇다면 교회가 하나님의 사랑과 정의가 실현되는 참다운 신앙공동체가 되기 위해서 갖추어야 할 모습은 어떤 것일까? 콘펠드는 하나님의 거룩한 온전함을 이루어가는 공동체가 되기 위한 몇 가지 필요충분조건을 제시한다.

첫째로, 공동체 안에 진정으로 열린 커뮤니케이션이 있어야 한다. 콘펠드는 "우리가 서로 모여 이야기할 때, 우리는 다른 사람들과 깊은 관계, 즉 영적 연합을 하게 된다. 우리는 서로 대화할 때 주고받으며 생각하고 느낀다. 우리는 이 행위를 우리의 몸과 마음과 영으로 한다"[26]고 말하며 신앙공동체 안에서의 진정한 커뮤니케이션을 통한 교제를 강조한다. 미국의 목회신학자인 래리 그레이엄은 진정으로 열린 커뮤니케이션이 되려면 필수적으로 존중과 애정이 담긴 적극적인 듣기(active listening)가 동반되어야 한다고 강조한다. 그레이엄은 "특히 가난하고, 힘없고, 상처받고, 소외당한 사람들의 이야기를 들을 때는 그것을 말하기가 얼마나 어려운지 인식하며 말하는 사람을 존중해야 한다. 판단은 가능한 한 하지 말아야 하며, 그들의 이야기가 진실이라고 믿는 신뢰가 대화의 가장 중요한 요소이다"[27]라고 말한다.

교회 안에서 열린 커뮤니케이션이 이루어져야 한다는 것은 대단

---

26 위의 책, p.21.

27 Larry Graham, *Care of Persons, Care of World* (Nashville, TN: Abingdon Press, 1992), p.148.

히 중요하다. 그러나 그러기 위해서는 먼저 한국 교회의 전반적인 시스템에 대한 깊은 재인식이 필요하다. 즉 담임목사를 위시로 한 당회, 공동의회, 제직회 등 수직적인 권력구조처럼 조직되어 있는 교회 구조가, 각자 주어진 기능과 역할을 감당하면서 평등한 의사 결정권을 갖는 수평적인 구조로 바뀌어야 한다는 것이다. 이것은 다른 말로 하면, 현재 한국 교회 안에서 특정한 한 사람이나 조직에 집중되어 있는 힘(power)이 교회를 구성하는 모든 구성원들에게 골고루 분산된다는 것을 의미한다. 물론 이것을 실현시키기 위해서는 목회자와 교회 지도자 그리고 모든 성도들이 교회라는 신앙공동체에 대한 개념과 교회의 역할과 사명을 하나님의 말씀 앞에서 성실하고 겸손하게 재정립하는 과정을 거쳐야 가능한 일임은 두말할 필요가 없다. 진정 교회가 하나님의 백성들이 모여 자신의 삶을 자유롭게 나누며 이야기할 수 있는 곳, 하나님을 예배하며 서로의 삶을 어떻게 하나님께서 만져 주셨는가를 이야기할 수 있는 위로와 치유의 장소, 더 나아가 우리 안에 존재하는 온전함(wholenesss)를 회복할 수 있는 곳이 되기 위해서는 이 일을 더 이상 미룰 수 없는 때가 되었다고 믿는다.

둘째로, 콘펠드는 온전함을 이루는 공동체가 되기 위해서 각 구성원들이 모두 자신과 같아야 한다는 '동일시라는 거짓 인식'(false conception of likeness)에서 벗어나야 한다고 말한다. 그녀는 공동체 안에서 자주 발생할 수 있는 구성원들 간의 동일시(sameness)의 위험에 대해 다음과 같이 말한다. "사람들은 공동체 안에서 행동할 때 다른 사람들에게 유사하게 보이는 방법을 택하는데, 그 이유는 그렇게 하는 것이 긴장감보다는 편안함을 느끼게 해주기 때문이다.

우리는 자신과 같은 문화와 종교를 가진 사람들이 어려움을 당했을 때 동정심을 느끼곤 한다. 그러나 우리가 우리 자신과 같은 사람만 찾으려 한다면 우리는 자신과 다른 사람들이 갖는 진정한 모습을 보지 못하는 경험을 종종 하게 된다." 28

교회에서 다른 사람이 지닌 나와는 다른 점들을 존중해 주기 위해서 우리는 우리가 자주 사용하는 '형제', '자매'의 의미를 다시 한 번 깊이 생각해 보아야 한다. 예배나 기도 모임이나 성경 공부 등 교회에서 모이면, 한국 교회는 어쩌면 무의식적으로 깊은 사고 없이 이 두 단어를 사용하는 경향이 없지 않아 있다. 아마도 우리는 같은 하나님 아버지를 믿고 섬기기 때문에 모두 한 형제요 자매라고 믿고 또 사용하고 있는 듯하다. 그러나 교회가 진정으로 한 형제요 자매 된 신앙공동체로서 서로를 돌보는 역할을 잘 감당하기 위해서 우리가 잊지 말아야 할 것은, 비록 우리가 서로 믿는 방법이나 신앙을 표현하는 방법이 다를지라도 우리는 여전히 형제, 자매라는 것이다. 왜냐하면 하나님은 그런 다양성과 다양성 속에 들어 있는 역동적인 삶과 신앙의 모습들을 사랑하시기 때문이다.

'동일시라는 거짓 인식'에서 벗어나기 위해 우리는 또한 나와 같은 사회문화적, 정치경제적 배경을 가진 사람들과만 신앙생활을 함께할 수 있다는 이기적이고 세속화된 편견에서 벗어나야 한다. 내가 미국에서 경험한 바에 의하면, A교회는 의사가 많은 교회이고, B교회는 중상류층이 대부분인 교회, C교회는 세상적으로 별볼 일 없는 사람들이 모인 교회 등, 사람들 안에는 이 세상의 기준대로

---

28 Kornfeld, 앞의 책, p.22.

편을 갈라 같은 부류의 사람들로만 교회를 이루고 싶어하는 경향이 존재한다는 것을 보게 되었다. 교회가 자기와는 다른 사람들을 인정하고 끌어안고 가지 못하는 한 진정한 돌봄의 공동체로서의 역할을 기대하기란 요원할 뿐이다.

셋째로, 콘펠드는 신앙공동체 안에서 다른 사람들을 사랑하는 것 못지않게 하나님의 형상대로 창조된 자기 자신을 사랑할 수 있어야 한다고 말한다. 다시 말하면, 참된 공동체는 자기 자신을 사랑할 줄 아는 사람이 다른 사람도 똑같이 사랑하는 사랑의 장소라고 강조하고 있는 것이다. 그는 역설적으로 말한다. "사랑의 하나님을 예배하는 기독교 공동체는 자기 자신을 사랑하지 못했던 사람들이 자신을 사랑하는 법을 배우게 되는 곳이다. 이런 공동체 속에서 두려움과 공포의 하나님은 사랑의 하나님으로 바뀐다."29 콘펠드는 신앙공동체가 공동체의 이름으로 자칫 지나쳐버릴 수 있는 점을 잘 간파하고 있다. 바로 남의 고통과 절망을 돌아보느라 자기 자신 안에 억눌려 있던 상한 감정과 상처받은 경험들을 보지 못하고 자기 자신을 사랑하지 못하는 경우다. 진정한 신앙공동체 안에서 각 구성원들은 하나님을 예배할 뿐만 아니라 자기 자신과 타인 속에 영원히 존재하는 하나님의 사랑을 공동체 안에 풍성하게 드러낼 수 있어야 한다.

그렇다면 소외당하고 절망에 갇혀 살려 달라고 아우성치는 이들에게 한국 교회가 어떻게 하면 진정한 신앙공동체가 될 수 있을까? 한국의 크리스천들이 신앙공동체적 목회돌봄과 상담을 실천하려면

29 Kornfeld, 앞의 책, p.31.

어떤 변혁이 필요할까? 더 나아가 과연 한국 교회가 우리 안에 깊숙히 남아 있어 곪을 대로 곪은 상처와 절망 그리고 한숨과 소외와 억압을 넘어서서 하나님의 형상대로 창조된 온전함을 이루어가는 신앙공동체로 회복될 수 있을까? 이러한 근본적인 질문들에 대한 해답을 바울의 공동체적 교회관에서 찾아보고자 한다.

바울 서신에 나타난 바울의 신앙공동체 돌봄

바울이 살았던 1세기 당시 그레코-로마 사회에는 다양한 형태의 커뮤니티가 존재했다. 당시 사람들이 대표적으로 관계를 형성하며 살아갔던 대표적인 두 가지 공동체는 '폴리테이아' (politeia)라고 불렸던 도시와 주 혹은 국가를 중심으로 한 공공생활(public life)과 '오이코노미아' (oikonomia)라고 하는, 현대적인 개념으로 말하면 가족을 중심으로 한 가계 질서(household order)였다. 대부분의 사람들은 위에서 말한 도시국가를 중심으로 한 공공생활과 가족을 통해서 철학과 문화와 종교 그리고 인간의 가장 기본적인 행위들을 만족시켰다. 반면 대부분의 노예와 결혼하지 않은 성인들과 사회의 하층 계급에 속한 사람들은 위의 두 공동체에 참여하지 못했다. 또한 바울 서신이 쓰여진 당시에는 이교도와 유대 문화 그리고 이방인들 간의 정치, 사회문화적 그리고 종교적인 갈등과 이를 둘러싼 초대 교회 내에서의 분열, 이단 종파의 출현 등 공동체의 개념에 많은 변혁를 가져다주는 현상들이 발생하고 있었다.

이러한 정치사회, 문화종교적인 환경 속에서 바울의 기독교 공동체가 등장하게 된다. 이 장에서 바울의 기독교 공동체와 스토익

(Stoic)이나 쿰란(Qumran) 공동체 등 당시의 다른 공동체들을 비교하는 것은 그다지 큰 의미가 없는 작업인데, 한 가지 중요한 차이점은 다른 공동체가 율법과 전통과 의식이나 제례 등을 중요시 여기는 반면에 바울은 공동체 구성원들 간의 관계를 중요시 여겼다는 점이다. 즉 하나님께서는 인간의 언어로 쓰여진 말과 전통 그리고 신비로운 의식이나 제례 행위를 통해서가 아니라 인간과의 관계를 통해서 말씀하신다는 것이다. 미국 풀러 신학교 교수인 로버트 뱅크스(Robert Banks)는 이에 대해 "바울에게 있어서 크리스천의 삶은 기본적으로 하나님과 공동체 구성원들 간의 말과 행위로 표현되는 깊은 교제를 통하여 이루어진다. 바울의 공동체 개념은 구체적으로 개인과 하나님 그리고 구성원 서로가 경험한 화해와 화목(reconciliation)을 증거한다"[30]고 말한다. 이 장에서는 바울 서신의 내용 가운데 신앙공동체적 목회돌봄과 상담과 관련된 네 가지 주제를 각각 간략하게 살펴보고자 한다.

초대 교회 안에서 나타난 바울의 권위(Authority)

앞에서 설명했듯이, 신앙공동체적 모델의 주요 관심사는 교회 구성원인 교인들로 하여금 수동적으로 목회자의 돌봄과 상담의 대상이 되는 것으로 만족하는 데 머무르지 않고, 신앙공동체인 교회를 이루는 각 교인 한 사람 한 사람이 돌봄과 치유의 주체가 되도록 하는 데 있다. 교회가 이 땅에 존재하면서 갖는 가장 중요한 의미는, 하나님의 형상을 따라 거룩하게 창조된 각 사람들이 자신들의 삶

30 Robert Banks, *Paul' s Idea of Community* (Prabody, MA: Hendrickson Publishers, 1994), p.108.

속에서 경험하는 고통과 절망, 아픔과 슬픔, 치유 받지 못하고 오랫동안 심령 깊은 곳에 눌러놓았던 상처들을 치유하며 하나님께서 인간들에게 허락하신 온전함을 회복하는 것이다. 그렇다면, 그 회복과 치유의 역사는 목회자 한 사람만의 역할이 아니라 하나님의 몸 된 교회에 속한 모든 교인들이 해야 할 중요하고 거룩한 사명이다. 바울은 바로 이 점을 바울 서신을 통해 이미 1세기에 간파하고 있었음을 알 수 있다. 비록 사도로서의 자신의 '직' 을 강력하게 변호하며 십자가 외에는 자랑할 것이 없다고 했던 바울이지만, 초대 교회를 향해서 만큼은 강한 애정과 보살핌을 한시도 잊지 않았던 것이다. 바울은 하나님의 복음 전파를 위해서는 목숨도 아끼지 않을 만큼 도전적이었지만, 자신이 세운 교회에 속한 사람들이 서로를 돌보고 사랑하며 믿음의 공동체를 온전히 이루어 하나님의 복음대로 살도록 하는 데는 '권면' 하며, 사랑으로 '설득' 했다(고후 6:1, 8:8, 10:1; 엡 4:1; 살전 5:14). 한마디로 자신이 세운 교회들이었지만 바울은 자신의 권위(authority)와 권력(power)을 내려놓고 교인들을 세워 주는 목회를 했으며, 더 나아가 교인들을 자신의 협력자요 믿음의 동반자로 여기기까지 했다(롬 1:12; 고후 1:6-7, 14; 빌 4:3).

바울은 또한 사도로서의 자신의 가르침을 공동체를 향한 성령의 인도하심 위에 두지 않았다. 즉 그는 신앙공동체가 자기들을 인도하시고, 깨닫게 하시며, 필요한 것들을 공급해 주시는 성령의 인도하심을 따라 행할 수 있음을 확신했던 것이다. 바울은 "형제 사랑에 관하여는 너희에게 쓸 것이 없음은 너희들 자신이 하나님의 가르치심을 받아 서로 사랑함이라 너희가 온 마게도냐 모든 형제에 대하여 과연 이것을 행하도다 형제들아 권하노니 더욱 그렇게 행하고”(살전 4:9-10)라고 말한다. 바울은 사도로서의 자신의 권위가 세상 지식과 자기의 노력에서 나온 것이 아니라 하나님으로부터 부여받은 것임을 인식하고 있었기에, 비록 자신이 세웠거나 관여했던 기독 공동체였지만 그들을 세우시고 돌보시고 위로하시는 분이 바로 하나님이심을 나타내고 있는 것이다.

자신의 정당한 권위조차 신앙공동체의 질서를 위하여 사용한 대표적인 예를 빌레몬에게 보낸 편지에서 찾아볼 수 있다. 빌레몬에게 해를 끼쳤던 그의 종이었던 오네시모를 다시 그에게 보내면서, 바울은 빌레몬에게 명령할 수도 있는 자신의 사도적 권위와 힘을 사용하지 않고(8절) 오히려 사랑으로 간구하는 모습을 볼 수 있다(9절). 그는 그 이유를 이렇게 말한다. “이는 너의 선한 일이 억지같이 되지 아니하고 자의로 되게 하려 함이라”(14절). 바울은 신앙공동체 안에서 신앙 안에서 각자가 누려야 할 자유를 충분히 존중해 주었던 것이다.

바로 이 점이 바울의 사도로서의 위대함인 동시에, 신앙공동체적 돌봄이 교회 내에서 실천되기 위해서는 목회자를 비롯한 교회 리더들의 목회돌봄이나 목회상담에 대한 이해의 대전환이 필수 선결조건임을 바울 스스로 우리에게 보여주는 좋은 실례이다. 목회적 돌봄과 목회상담을 안수 받은 목회자가 내담자인 교인들을 상담하며 상처를 돌보아 주는 일대일의 개인주의적 관점에서만 이해한다면 신앙공동체적 돌봄과 상담은 이루어지기 어렵다. 신앙공동체적 패러다임에 있어서 목회자의 역할은 상담가, 치유를 돕는 자뿐만 아니라 교인들로 하여금 치유와 돌봄의 사역에 적극적으로 참여하도록 유도하고 격려하는 일이다. 그리하여 교회가 성숙하고 온전한 치유 공동체가 되어 이 세상의 빛과 소금의 역할을 잘 감당하며, 더 나아가 하나님의 보살피시고 돌보시는 손길을 이 세상 사람들도 경험하도록 돕는 것이다.

이렇게 볼 때, 최근 한국 교회나 미국의 한인교회에서 유행하는 셀 사역이나 두 날개 양육 시스템은 비단 선교학이나 교회성장학 분야뿐만이 아니라 목회적 돌봄과 상담의 관점에서도 주목할 만하다. 다만 우리가 주의해야 할 것은, 그러한 시스템들의 최종 목표는 성장하며 부흥하는 교회가 아니라, 교회에 속한 개개인이 믿음 안에서 다시 자신의 가치를 재발견하고 하나님의 사람으로 창조적으로 살아갈 수 있는 건강한 교회, 사람들이 주목하는 교회가 아니라 하나님이 주목하셔서 칭찬받는 교회인 것이다.

하나의 몸, 많은 지체 비유(Metaphor of Body)

신앙공동체적 목회돌봄과 상담 모델은, 신앙공동체에 속한 각 개인들이 서로 전혀 관계없는 별개의 고립된 개인이 아니라 서로 유기적으로 연결된 관계를 맺고 있음을 강조한다. 즉 신앙공동체적 목회돌봄은 인간, 사회, 문화의 긴밀한 연결성과 공동체, 인간의 내적, 심리적 발달보다는 대인관계를 그리고 공동체 안에서 구성원들 간의 상호 연관성을 중시한다. 이런 의미에서 바울의 몸과 지체 비유는 신앙공동체적 목회돌봄의 가장 기본적인 신학적 이론을 제공하며, 바울이 신앙공동체적 돌봄을 잘 이해했을 뿐더러 매우 강조하고 있음을 잘 알 수 있다(롬 12: 4-5; 고전 10:17; 살전 3:12; 엡 4:4).

여기서 우리가 주의할 것은, 비록 신앙공동체적 목회돌봄이 신앙공동체의 돌봄의 역할을 강조하고 있다 하더라도 공동체 안에서의 개인의 가치를 무시하거나 폄하하는 것은 아니라는 점이다. 오히려 신앙공동체를 이루는 한 개인의 고통과 아픔과 절망을 모든 공동체가 의식적으로 함께 인식해야 하며, 상처받아 아파하는 사람을 격려하고 믿음 안에서 희망을 발견하여 새로운 삶을 살아갈 수 있도록 목회자 한 사람만이 아닌 온 믿음의 공동체가 도와야 한다고 말하고 있는 것이다. 뱅크스는 "바울은 개인과 공동체 모두 똑같이 중요하다고 보았다. 그는 둘 중 어느 하나를 다른 것보다 상대적으로 우월하게 여기지 않는다. 사람은 오직 공동체에 속해 있을 때 그 의미가 있으며, 공동체 역시 그 안에 속한 각 구성원들이 가자가 받은 은사를 온전히 사용할 때만이 제 기능을 발휘할 수 있게 된다고 바울은 보았다"라고 말한다.

고린도전서 12장과 에베소서 4장 16절은 바울 서신 가운데 신앙공동체적 목회돌봄과 상담의 특징을 가장 잘 보여주는 부분이다. 바울은 "몸 가운데서 분쟁이 없고 오직 여러 지체가 서로 같이 돌보게 하셨느니라 만일 한 지체가 고통을 받으면 모든 지체가 함께 고통을 받고 한 지체가 영광을 얻으면 모든 지체가 함께 즐거워하느니라"(고전 12:25-26)라고 말한다. 여기서 "여러 지체가 서로 같이 돌보게 하셨느니라"라는 말은 바로 신앙공동체적 목회돌봄과 상담을 말한다고 볼 수 있다. 공동체 가운데 어떤 문제가 생겼거나 고통받는 지체가 있으면 공동체의 리더나 책임자가 아니라 신앙의 공동체를 이루는 각 지체들을 통하여 해결하는 것이 바로 하나님의 뜻이라는 것을 바울은 잘 알고 있었다. 이것은 무엇을 의미하는 것일까? 우리 인간은 홀로 서 있는 개인적인 존재가 아니라 '함께하는' 공동체적인 존재라는 것을 함축하고 있다.

에베소서에서 바울은 그러한 공동체 중심의 성서적 인간관을 잘 보여주고 있다. "그(예수 그리스도)에게서 온 몸이 각 마디를 통하여 도움을 받음으로 연결되고 결합되어 각 지체의 분량대로 역사하여 그 몸을 자라게 하며 사랑 안에서 스스로 세우느니라"(4:16). 결론적으로, 신앙공동체적 목회돌봄과 상담 패러다임의 궁극적 목적은 생명을 주는 것이다. 패튼이 지적한 것처럼 우리가 경험한 하나님의 사랑이 얼마나 크고 강한지를 기억하고(remember) 각 지체들을 공동체 안에서 다시 돌아보는(re-member) 길이 신앙공동체를 살리며 그 안에 속한 각 지체인 사람을 살리는 것이다. 왜 한국 교회가 생명력을 잃어가고 있다고 아우성인가? 훌륭한 설교가가 없어서인가? 조직과 물질이 부족한가? 프로그램이 없는가? 가장 근본적 일, 즉 하나님의 몸 된 교회 안에서조차 서로의 고통을 돌보아 생명을 나누는 일을 게을리하지는 않았는지 한국 교회 스스로 깊이 성찰하며 거듭나야 할 것이다.

다양성 안에서 하나 됨

신앙공동체가 각 지체의 역할을 이해하고 서로의 고통과 상처를 어루만져 주는 참다운 공동체가 되기 위한 전제 조건 중 하나는 신앙공동체에 속한 각 구성원들이 서로 다르다는 것을 판단이나 정죄함 없이 인정하는 것이다. 서로의 아픔을 함께 돌아보기 위해서는 각자가 가지고 있는 습관적인 사고방식, 선입관과 편견 그리고 상처받기 쉬운 타인에 비해 우월하다는 우월의식 등을 내려놓아야 한다. 공동체의 개념을 설명하면서 알아보았듯이 콘펠드는 진정으로 참된 공동체가 되기 위한 여러 가지 조건 중 하나로 모든 구성원들이 다 동일한 배경을 가져야 한다는 위험한 사고에서 자유로워야 한다고 강조했다. 콘펠드의 이론을 바울이 이미 성경 속에서 지적했는데, 그는 공동체 안에서 볼 수 있는 다양성을 지적하면서 크게 두 가지로 분류하고 있다. 하나는 기능상의 차이점(고전 12:14-31)이고, 다른 하나는 사회문화적 배경과 인종 차이(고전 12:13)다. 이 두 가지 다양성은 교회가 신앙공동체적 목회돌봄과 상담을 실천하기 위해서 반드시 극복해야 할 과제이기도 하다.

먼저 바울은 신앙공동체를 모두가 같은 기능을 가진 지체로 이루어진 몸으로 설명하지 않고 각기 다른 기능을 가진 지체들로 이루어진 한 몸으로 이야기하고 있다(고전 12:14-24). '하나의 몸, 많은 지체 비유' 에서도 지적했듯이, 바울은 신체의 각 부분을 비유로 든 후 모두가 다 사도나 선지자가 될 수 없다고 말하면서 하나님께서 나누어주신 대로 잘 사용하라고 권면한다. 유교주의 사상과 문화권인 아시아에 속해 있는 한국인들은 이기적이기보다 공동체의식이 강하다고 알려져 있지만, 사실 다른 각도에서 보면 우리가 가진 공동체의식조차 나와 다른 것들을 인정하지 않는 집단이기주의일 수 있으며, 타인이 나를 어떻게 볼까 의식하며 남의 기대와 생각에 자신을 맞추려는 피해의식을 감추기 위해 집단에 자신을 희생하는 경향이 없지 않다. 이런 이유로 한국 교회가 겉에서 보기에는 헌신하는 공동체인 것 같지만 속을 더 들여다보면 진정한 의미에서의 신앙공동체라고 하기에는 아직 부족한 것들이 많다. 바울은 고린도전서에서 교회 안에서의 은사(12:4)나 직분(12:5) 그리고 사역(12:6)은 여러 가지이나 성령과 주는 하나라고 분명히 말하고 있다.

여기서 또 하나 주목할 것은, 그러한 다양성은 신앙공동체를 해

치기보다 오히려 신앙공동체와 그 안에 속한 각 구성원들을 유익하게 하는 데 있다는 것이다(고전 12:7). 신앙공동체는 분명 한 하나님을 믿고 섬기는 공동체이다. 그러나 기억해야 할 것은, 하나님은 교회를 수직적이고 계급적인 권력구조로 다양한 계층을 만들지 않으셨음은 물론, 획일적이고 경쟁적인 공동체를 원하지 않으신다는 것이다. 교회 안에서 서로 다른 차이점들이 다른 사람들을 받아들이는 미덕과 온전히 결합될 때 신앙공동체는 분열보다는 다양한 은사 안에서 하나 됨의 은혜를 경험하게 될 것이다. 이 점을 잊는다면 교회는 신앙공동체적 목회돌봄이 이루어지는 참된 공동체가 아니라 오히려 아픔과 소외와 억압과 폭력을 경험하는, 하나님 보시기에 합당하지 못한 그리하여 이 세상으로부터 손가락질받는 종교공동체로 전락하고 말 것이다.

또한 바울은 신앙공동체 안에서 인종과 종교적인 전통과 관습과 신분상의 차이를 뛰어넘어 성령 안에서 하나 될 것을 강조하고 있다(고전 10:31-33). 초대 교회에서 가장 심각한 문제 중 하나는 바로 모세의 율법과 전통적인 규례를 중시하는 유대인들과 복음을 받아들여 그리스도를 믿으며 성령의 도우심 속에서 새로운 신앙생활을 하려는 이방인들 간의 갈등이었다. 심지어 한 교회에 속한 공동체임에도 불구하고 이러한 전통과 관습에 대한 의견 차이 때문에 갈라지고 서로를 적대시하는 일도 발생하기 시작했다(롬 2:17-29). 갈등과 분쟁으로 말미암아 교회는 온전한 신앙공동체로서 서로가 돌보며 받아 주는 역할을 하지 못하고 있었다. 바울은 이러한 분쟁과 어려움들의 해결을 죄와 예수 그리스도의 십자가의 구속으로 시작한다. 바울은 "유대인이나 헬라인이나 다 죄 아래에 있다고 우리가 이미 선언하였느니라"(롬 3:9)라고 말한 후, "우리의 옛 사람이 예수와 함께 십자가에 못 박힌 것은 죄의 몸이 죽어 다시는 우리가 죄에게 종노릇 하지 아니하려 함이니"(롬 6:6)라고 선언한다.

이것은 특히, 갈수록 복잡하고 다양한 사회문화적, 정치경제적인 환경에서 살아가고 있는 현대 크리스천들에게 큰 도전이 된다. 예를 들면, 예전과 달리 우리는 심심찮게 우리와 다른 피부, 언어, 문화를 가진 사람들을 자주 만나게 된다. 한국인과 결혼했거나 한국으로 귀화한 외국인들, 그들 사이에서 태어난 자녀들, 한국으로 돈을 벌러 온 가난한 나라 출신의 노동자들과 그들의 가족들. 과연 많은 한국 교회 가운데 이들이 아무런 편견과 눈총을 받지 않고 '환대'를 받으며 신앙생활을 할 수 있는 교회는 그리 많지 않으리라 생각된다.

다음 장에서 더 자세히 다루겠지만, 한국 교회가 진정 신앙공동체적 목회돌봄을 실천하기 위해서는 '나' 혹은 '나와 유사한 무리' 중심의 신앙공동체를 이루려고 하며 우리 안에 깊이 자리잡고 있는 내가 가지고 있는 기득권을 지키려는 죄성을 벗어버릴 필요가 있다. 비록 나와는 다르지만 공동체가 가지고 있는 다양성을 인정하고, 받아들이고, 우리 모두 죄인일 수밖에 없었으나 예수 그리스도의 십자가로 인해 구원받았음을 믿으며, 십자가 위에서 완성된 하나님의 사랑과 공의를 실천하는 신앙공동체를 만들어가는 은혜의 자리로 나아가기를 간절히 바란다.

신앙공동체적 목회돌봄과 한국 교회

지금까지 신앙공동체적 패러다임을 바울의 공동체적 목회관과 연결지어 생각해 보았다. 그동안 한국 교회는 전통적으로 '구역' 이나 '속회' 라는 명칭으로 주로 여성 교인들을 중심으로 어려움에 속한 교인들을 돕는 역할을 담당해 왔다. 그리고 최근에는 '셀' 이라는 이름의 소규모 단위로 모여 예배와 봉사, 선교와 전도 등을 책임지며 담당하는 등 나름대로 교인들이 목회적인 마인드를 가지고 교회를 섬길 수 있는 시스템을 형성하고 있다. 그러한 교회 내의 작은 교회운동은 신앙공동체적 목회돌봄과 상담의 한 유형으로 분류될 수도 있으리라 생각된다. 신앙공동체적 패러다임은 목회자 중심의 한국 교회의 전통과, 목회자와 장로 등 중진들 간의 교회 내의 '힘겨루기' 와, 교권을 차지하기 위해서 이전투구를 벌이는 등 안타까운 현 한국 교회의 상황에 비추어 볼 때 다음과 같이 중요한 의미를 가진다.

첫째로, 신앙공동체적 패러다임은 우리로 하여금 그동안 무비판적으로 목회자들이 누려왔던 교회라는 신앙공동체에서의 높은 위치와 과도한 권력을 재조명하도록 동기 부여를 한다. 한국 교회에서 행하는 돌봄의 행위를 예로 들면, '치유' 와 '상담' 등은 반드시 목회자를 통해서만 이루어져야 한다는 고정관념이 팽배해 있다. 사실 전문적인 목회훈련을 받은 목회자가 교인들이 경험하는 아픔과 절망을 어루만지고 도와주어야 하는 것은 당연한 목회 활동의 일부분이다. 그러나 이 경우에도 교인들의 상처받은 영혼을 싸매 주고 치료해 주시는 분은 목회자나 상담가가 아니라 바로 성령이시다.

따라서 나는 일반 심리치료나 정신치료처럼 내담자를 직접 치료하거나 처방전을 제공하는 것이 목회돌봄과 목회상담의 주목적일 수 없다고 믿는다. 목회돌봄이나 목회상담은 깊은 상처와 절망감에 빠진 내담자로 하여금 자신이 처해 있는 고통스러운 감정과 상황들을 믿음으로 받아들여 잘 이해하고, 창조적으로 재해석하여 건설적인 방향으로 나아가도록 돕는 것이다. 또한 교회라는 신앙공동체가 어떻게 도울 수 있는지 함께 고민하며 하나님 보시기에 합당한 방법을 제시해 주어야 한다. 어쩌면 한국 교회의 목회자들은 설교, 행정, 상담, 기획, 사무 등의 일을 모두 다 잘해 내는 '슈퍼맨' 이 되도록 교인들로부터 강요받고 있으면서 목회자 스스로가 교인들이 만들어 낸 '슈퍼맨 증후군' 에서 헤어나오기를 거부하고 있는지도 모른다. 이런 현상은 목회자를 위해서도 교회를 위해서도 결코 바람직하지 못한 결과를 초래한다. 즉 목회자는 교회 내에서 점점 더 황제의 위치를 차지할 것이며, 교인들은 목회자와 갈등을 일으켜 분열을 일으키거나 아니면 목회자의 전횡까지도 눈감아버리고 오히려 부추겨, 결국 교회는 목회자와 일부 지도자들을 위한 종교적 기관으로 전락해버리고 마는 것이다.

이런 맥락에서 신앙공동체적 패러다임이 가지는 두 번째 가치는 매우 중요한데, 그것은 교인들이 단순히 교회 내에서 목회자를 돕는 협력자로서의 역할을 뛰어넘어 교회의 주체로서의 위치를 되찾는 것이다. 지금까지 한국 교회에서 교인들은 목회자 밑에 종속된 위치에 있었음을 그 누구도 부인할 수 없을 것이다. 교회를 이루는 가장 기본적이고 중요한 요소임에도 불구하고 교인들은 목회자의 목회 비전을 위한 조력자로 전락하고 만 것이다.

한국 교회가 바울이 그렸던 진정한 신앙공동체로 거듭나기 위해서는 전도와 선교를 중심으로 한 성장의 비전을 키워나가는 것도 중요하지만, 이제는 반성하는 마음으로 교회 안을 다시 돌아보아야만 할 때가 되었다. 교인들은 빈 예배당을 채워 주는 대상이 아니다. 교인들은 목회자와 교회 지도자들 대상으로 열리는 교회 성장 세미나의 주요 관심 대상이 아니다. 바꿔 말하면, 교인들은 교회의 머리되신 예수 그리스도를 본받아 거듭난 성도로서 수동적인 존재가 아닌 능동적인 주인의식을 가지고 하나님의 치유와 돌봄과 회복의 사역에 목회자와 함께하는 적극적인 참여자들(active participants)이다. 이런 의미에서 패튼의 말은 우리에게 시사하는 바가 크다. "신앙공동체적 목회돌봄과 컨텍스트 중심의 목회돌봄 패러다임은 목회돌봄을 목회자 한 사람이 아닌(저자 첨가) 크리스천 공동체의 사역이라고 본다. 이것은 하나님께서 우리 모두에게 행하신 일과 우리 모두가 하나님의 백성이라는 것을 기억하며, 우리가 섬기는 사람들의 이야기를 들어 주고 기억하는 데서부터 출발한다."

마지막으로, 신앙공동체적 패러다임은 교회의 정체성(identity)에 대해서 다시 한 번 생각할 수 있는 기회를 제공한다. 다시 한 번 말하면, 교회는 목회자를 비롯한 전문 교역자, 장로나 권사 등 교회 중직자 그리고 일반 교인들로 이루어진 수직적인 공동체가 아니다. 바울이 고린도전서 12장에서 강조했듯이, 위의 모든 사람들이 평등하게 그러나 다른 직책을 가진 사람들로 모인 수평적 공동체이다. 교회의 머리는 예수 그리스도이시다. 그리고 교회가 행하는 예배, 기도, 교육, 전도, 선교와 봉사 등은 성령의 역사하심으로 이루어진다. 성령의 인도하심 없는 교회 활동과 신앙생활은 마치 주춧돌 없이 집을 짓는 것과 같다. 이것은 어리석고 무의미하며, 형식은 갖추었으되 예수 그리스도의 생명을 잃어버린 종교적 행위와 의식에 불과한 것이다.

따라서 오늘날 한국 교회가 생명력을 회복하는 길은 교회의 본질을 재해석하는 한편, 교회를 이루어가는 목회자와 교인의 역할에 대해서 그 어떤 제도나 전통이 대신할 수 없는 성서로 되돌아가는 길밖에 없다. 이런 의미에서 목회상담신학과 돌봄은 단순한 심리치료 이론이나 상담기법을 이용한 치료를 배우는 데 주목적을 가진 학문이기보다는 인간이 겪는 내면적, 육체적, 정신적, 영적인 고통, 절망감, 소외와 상실감 등을 신앙공동체 안에서 회복하고 치유할 수 있도록 성서적이고 신학적으로 돕는 학문이라고 할 수 있다.

요약

이 장에서는 신앙공동체적 목회돌봄과 상담 패러다임을 중심으로 공동체의 개념과 아울러 참된 공동체가 되기 위한 요소 등에 대해서 살펴보았다. 또한 바울 서신에 나타난 바울의 목회가 어떻게 신앙공동체적 목회돌봄 패러다임에 적용될 수 있는지도 살펴보았다. 성서에 나타난 바울은 자신이 세웠거나 관여했던 신앙공동체가 분열과 반목과 질시 속에서 서로를 향해서 고통을 주며 상처를 주는 행위를 피하고, 예수 그리스도의 십자가에 나타난 올바른 구원의 도를 전하며 서로가 하나님의 사랑 안에서 서로 용납해 주는 덕스러운 신앙공동체를 이루고자 노력했다. 교회나 교인들은 목회자의 비전을 이루기 위해 존재하는 것이 아니다. 마찬가지로 목회자도 교회의 전통을 세워 주고 교인들의 가려운 곳을 긁어 주기 위해 필요한 종교 지도자가 아니다. 교회는 목회자와 교회 리더 그리고 아주 평범하게 보이는 교인일지라도 모든 구성원들이 '돌봄' 의 사역에 동참하는 신앙공동체이다.

하나님께서 지금도 우리를 사랑하시고 돌보아 주시듯 하나님의 형상으로 창조된 우리도 하나님 안에서 서로 연결되어 친밀한 관계를 가지며, 각자가 가지고 있는 상처와 고통, 절망과 소외, 억압과 폭력들을 주저없이 공동체 안에 내어놓을 수 있을 때 참된 공동체가 구현되고 있음을 보게 될 것이다. 또한 교회가 그러한 참된 사랑과 돌봄의 공동체를 이룰 때, 너무도 빠른 속도로 세속화, 비인간화가 되고 성적이고 윤리적인 타락상을 드러내고 있는 이 세상 문화와 사회 속에서, 심리적, 정신적, 영적으로 상처받고 고통당하는 이들에게 하나님의 사랑과 정의의 손길을 나누어줄 수 있을 것이다.

제5장 컨텍스트 중심의 목회상담과 바울의 목회

1장에서 자세하게 상술했듯이 목회돌봄과 목회상담에 있어서 내담자가 겪는 심리적, 물리적, 영적 고통을 다룰 때 그것들을 생산해 내는 사회문화적, 정치경제적, 종교적, 역사적인 배경과 환경을 비판적으로 분석하고 다시 이해하는 것은 매우 중요하다. 이러한 과정 없이 단순히 심리치료요법과 대인치료법만을 사용한다면 한시적으로 효과를 거둘 수는 있겠지만 장기적으로 내담자로 하여금 자신의 삶 속에서 '희망'을 발견하며 다시 살아갈 수 있는 용기를 주는 데는 한계가 있다. 물론 여기에는 목회상담가 혹은 목회심리치료사들이 자신들이 행하는 목회돌봄과 목회상담을 어떻게 이해하며, 그 목적을 어디에 두느냐에 따라서 강조점이 달라질 수 있을 것이다.

4장에서는 콘펠드의 공동체 이론을 소개하면서 교회가 참된 신앙공동체로서 돌봄의 역할을 실천하기 위해서 필요한 조건으로 열린 커뮤니케이션 만들기, 하나님의 형상을 따라 창조된 우리 각자 안에 존재하는 '다름' 을 인정하고 존중하기 그리고 타인과 자신을 진정으로 사랑하기 등을 강조했다. 그러나 우리가 기억할 것은, 교회가 내적으로 참된 돌봄의 신앙공동체가 되는 것은 목회자와 크리스천들이 행해야 할 가장 중요하면서도 기본적인 사명이라는 점이다.

많은 목회자들은 교회가 평안하고 행복이 넘치면 교인들의 모든 어려움과 문제도 해결될 것이라고 믿는 경향이 있다. 그러나 한 번 더 하나님께서 교회를 통해서 하시고자 하는 일들을 잘 생각해 보면 또 다른 중요한 것들이 있음을 보게 된다. 한마디로 말하자면, 교회가 진정 돌봄의 신앙공동체로서 교인들의 아픔과 절망을 어루만져 줄 수 있으려면 세속적인 가치관과 문화에 저항(resisting)하며 세상과 교회 안에 만연한 불의와 죄악 된 것들을 변혁(transforming)시키는 신앙공동체가 되어야 한다는 것이다. 목회신학과 돌봄과 상담의 주요 관심사를 인간의 상처받은 개인적인 심리에서 그러한 상처와 아픔을 낳는 더 넓은 컨텍스트로 확대시킬 필요가 있는 것이다.

바울 역시 초대 교회 공동체의 분열과 고통에 사도로서 관심을 가지면서 그 당시 사회문화와 역사적인 관습과 종교적인 제도에도 목소리를 내며, 교회가 그러한 것들을 본받지 말고 개혁하기를 강조했음을 볼 수 있다.

바울의 컨텍스트 중심의 목회를 분석하기에 앞서 힘과 관계적 정의에 대한 개념들을 잠시 다루어 보고자 한다. 왜냐하면 돌봄 제공자나 상담가가 목회돌봄을 포함한 모든 사람들이 경험하는 상황들을 잘 분석하기 위해서는 사회문화적인 컨텍스트 안에서 '힘' 과

'권력' 이 내담자의 상처받은 삶에 어떻게 작용하는지를 이해할 수 있어야 하기 때문이다.

목회상담학에서 바라본 힘과 관계적 정의

힘을 정의하기란 쉽지 않다. 해석하는 사람의 관심사가 어디에 있느냐에 따라 그 의미와 사용이 달라질 수 있기 때문이다. 예를 들면, 자연과학에서 내리는 물리적인 힘의 정의는 사회과학에서 내리는 현상학적이고 개념적인 정의와는 다를 수밖에 없다. 또한 철학자가 이해하는 힘과 신학자가 이해하는 힘은 매우 다를 것이다. 심지어는 신학자라도 성서신학자, 조직신학자와 실천신학자 사이에서도 각각 다르게 표현될 수 있다. 나는 목회신학과 돌봄과 상담의 입장에서 이 책을 쓰고 있기에 목회신학자와 상담가들이 이해하고 있는 힘에 대한 개념을 살펴보고자 한다.

먼저 미국에서 편찬된 《목회돌봄과 상담 사전》(*Dictionary of Pastoral Care and Counseling*)은 '힘' 을 "영향을 주며 또한 받을 수 있는 능력이며 우리의 개인적이고 사회적인 경험들을 둘러싼 심리적, 사회적, 철학적 그리고 윤리적으로 필요한 요소들이다. 또한 힘은 그러한 과정들 가운데 폭력적으로 남용될 수 있다"[31]라고 정의하고 있다. 폴링은 "힘은 우리가 인식하며 살고 있는 이 세계를 이루고 있는 사물과 사람들과 함께 효과적인 방법으로 행동할 수 있는 능력이다. 사람들이나 사회적인 단체가 어떤 한 사람으로

31 Rodney Hunter, ed., *Dictionary of Pastoral Care and Counseling* (Nashville, TN: Abingdon Press, 2005), p.931.

부터 삶을 지탱할 수 있는 힘을 빼앗아갈 때, 그 사람은 무기력함이라는 늪에 함몰될 뿐더러 매우 제한적인 삶을 살아갈 수밖에 없게 된다"[32]라고 힘을 묘사하고 있다. 한편 그레이엄은 "힘은 타인에게 영향을 줄 수 있고 또 타인으로부터 영향을 받을 수 있는 양극단적 능력(bi-polar ability)이다. 즉 힘은 타인과의 관계 속에서 자신의 영향력을 발휘할 수 있는 능력을 의미하는 한편, 동시에 타인의 영향력을 받을 수 있는 수용자가 되고자 하는 능력을 말한다"[33]라고 정의한다.

힘에 대한 목회상담 신학자들의 정의를 보면 한 가지 공통점을 발견할 수 있는데, 그것은 힘을 관계적인 개념으로 이해하고 해석한다는 것이다. 다른 말로 하자면, 힘은 사회문화적, 정치경제적, 생태학적인 차원에서 이루어지는 모든 관계를 통하여 긍정적 혹은 창조적이거나 부정적 혹은 파괴적인 의미를 가진다. 인간이 경험하는 모든 심리적, 정신적, 육체적, 영적인 고통의 가장 밑바닥에는 복잡하고 거미줄처럼 얽혀 있는 현대사회구조 속에서 죄악 된 모습으로 왜곡되고 불의한 모습으로 변형된 힘의 폭력적인 남용이 자리잡고 있다. 미국의 여성 목회상담 신학자인 크리스틴 뉴거(Christine Neuger)는 "힘은 사회를 좌지우지할 수 있는 지식과 권위를 주장할 수 있는 능력이며, 한 사회의 문화에 의해서 권리를 부여받은 사람들이 사용한다. 따라서 사회의 특정한 집단은 다른 집단보다 훨씬 더 많은 심리적, 물질적, 사회적 자원을 가질 수 있게 되며, 그것을

32 James Poling, *The Abuse of Power: A Theological Problem* (Nashville, TN: Abingdon Press, 1991), p.24.

33 Graham, 1992, p.138.

'자연스러운 질서'(natural order)라는 미명으로 정당화시킨다"[34] 라고 말한다. 그녀는 불의한 힘으로 말미암아 사회문화적으로 소외된 이들의 고통과 선입견 등을 지적하면서, 여성들과 미국 사회에서의 소수인종들을 예로 들고 있다.

사실 이러한 힘의 불균형과 남용과 불의의 폐해는 한국 교회와 사회에서도 자주 볼 수 있는 현상이다. 목사와 장로, 장로와 집사 간의 관계뿐 아니라 남자와 여자, 가진 자와 못 가진 자, 많이 배운 자와 못 배운 자 사이의 계급적인 관계는 신앙공동체적 돌봄의 실천을 가로막는 주요한 장애물이 되어 왔다. 각 교단장 선정을 둘러싼 교권제일주의, 목회자 우상화와 금권에 물든 일부 대형 교회, 교회 내에서의 목회자의 전횡과 그에 따른 장로들과의 힘 겨루기, 아직도 요원한 여성 평신도들의 교회 내에서의 위상도 좋은 예이다. 또한 사회적으로는, 신체적으로 불편한 장애자들에 대한 차별, 외국인과의 사이에 태어난 다문화 가정 아이들에 대한 뿌리 깊은 편견, 법적이고 제도적인 차별, 부모 없는 아이들과 돌보아 줄 이 없는 노인들에 대한 사회의 무관심 등이다.

이런 관점에서 목회신학과 돌봄 그리고 상담의 전문가로 종사하는 이들이 관계적 정의에 관심을 돌리는 것은 당연한 일이다. 관계적 정의는 신앙공동체적 컨텍스트 중심의 패러다임에서 가장 중요한 위치를 차지하고 있다고 해도 과언이 아니다. 여성 목회신학자인 낸시 램지는 다음과 같이 관계적 정의를 설명한다.

34 Christie Neuger, "Power and Difference in Pastoral Theology," in *Pastoral Care and Counseling: Redefining the Paradigm*, ed. Nancy Ramsey (Nashville, TN: Abingdon Press, 2004), p.67.

> 신앙공동체적 그리고 컨텍스트 중심의 목회신학과 돌봄 패러다임의 중요한 개념인 관계적 정의는 자아에 대한 이해를 자아가 놓인 좀더 폭넓은 사회적인 컨텍스트 중심으로 인식하려는 시도를 하고 있다. 사회적 자아는 성별, 인종, 사회계층의 차이로 인한 힘의 불균형 속에서 형성된다. 치료지향적인 목회상담 패러다임의 주요 관심사가 아주 오랫동안 주로 내담자로 하여금 영적, 심리적으로 매인 상태에서 자유케 하는 데 있었던 반면에, 관계적 정의는 영적이고 심리적인 것 외에 사람들이 (사회문화 체제 속에서) 실제로 경험하는 억압으로부터 자유케 되는 것에 또한 관심을 기울인다.[35]

램지가 위에서 설명했듯이, 목회상담 신학자들은 관계적 정의를 사용하여 각 개인을 사회문화적이고 관계적이며 정치적으로 해석하고 있으며 이해한다. 따라서 목회상담 신학자들은 인간이 경험하는 아픔과 고통의 원인을 개인적인 심리에서 찾기보다 광범위한 문화적 컨텍스트와 사회체제 안에서 인종과 성별(gender), 성적인 경향(sexual orientation) 그리고 사회계층의 차이로 말미암아 발생한다고 본다. 즉 관계적이고 사회적인 자아(relational and social self)가 힘의 불균형과 사회적 불의 때문에 고통받고 있는 것이다. 이런 맥락에서 맥리모어는 목회상담 신학자들과 목회돌봄 제공자 그리고 목회상담가들은 사회의 책임성을 강조해야 한다고 주장한다. 그녀는 "마약에 중독된 사람과 같이 치료받을 문제가 있는 경우는 단순한 정신질환이나 정신치료에만 국한시킬 개인적인 사안이 아니

35 Ramsay, 앞의 책, 2004, pp.9-10.

다. 이것은 사회구조적인 차원에서 다루어야 할 문제이다"[36]라고 말하고 있다.

컨텍스트 중심의 목회신학과 돌봄과 상담이 강조하고 있는, 인간이 경험하는 모든 절망스럽고 고통스러운 문제들의 원인을 개인적인 성격이나 정신적인 문제로 국한시키기보다, 불공평하고 불의하며 억압적이고 지배적인 사회구조와 체제의 변혁에서 찾고자 하는 노력은 매우 중요하다. 비록 개인적인 잘못이나 심리적인 장애 때문에 발생할 수 있는 문제와 어려움들을 사회구조나 문화체제에 전가할 수 있다는 위험이 내재해 있으나, 사회의 부조리와 모순으로 생길 수 있는 개인이나 가족의 고통과 상실과 소외감 등을 지적한 점에서 관계적인 힘과 정의를 강조하는 컨텍스트 중심의 패러다임은 현대를 살아가고 있는 우리와 교회에 시사하는 바가 크다.

성경을 보면 관계적 힘과 정의가 잘 나와 있음을 볼 수 있다. 하나님은 자신 안에 내재해 있던 힘을 사람들과 관계를 맺으시며 나누어주셨다. 먼저는 아담과 이브의 관계를 통하여 만물을 다스릴 수 있는 힘을 주셨고, 많은 생물들과 관계를 맺으며 다스리라고 말씀하셨다. 이브를 유혹한 뱀도 이브의 개인적인 심리를 유도하기 위해 하나님과 아담과 이브 그리고 자신과의 관계성을 악하게 이용했다. 하나님은 또한 이스라엘의 지도자와 백성들에게 그리고 지금은 그를 믿는 자들에게 성령을 통하여 힘을 주시기를 원하신다. 우리가 받는 고통과 절망은 바로 하나님과 인간의 관계가 깨어져버린 상태에서 힘을 파괴적이고 죄악 된 방향으로 남용하고 있는 인간들

36 위의 책, p.51.

의 죄성 때문이다. 그러기에 그레이엄은, 관계적 정의는 바로 깨어져버린 관계의 회복을 의미한다고 역설하고 있는 것이다. 그는 "관계적 정의는 하나님과 인간들, 인간과 인간들, 그리고 모든 생태계에 존재하는 실체들 사이에 맺어졌던 화평한 관계의 샬롬이며 축제를 가져온다"[37]고 했다.

지금까지 목회신학과 돌봄과 상담의 관점에서 힘과 관계적 정의에 대해서 살펴보았다. 다음은 컨텍스트 중심의 목회돌봄과 힘 그리고 관계적 정의 등의 개념들이 바울의 목회에 어떻게 나타나고 있는지를 살펴보고자 한다.

바울의 목회에 나타난 컨텍스트 중심의 목회돌봄

앞에서 많은 목회신학자들과 상담학자들이 말한 대로 급변하며 복잡하고 역동적인 사회문화적, 정치경제적, 종교적, 역사적인 상황들에 대한 비판적이고 정확한 분석 없이 현대를 살아가는 사람들이 겪는 심리적, 물리적, 영적 고통과 아픔들을 적절하게 대처하는 것은 거의 불가능하다. 아울러 현대 교회를 섬기는 목회자들 역시 시대가 요구하는 교회의 역할을 도외시하거나 성도들의 삶의 현장에 대한 이해 없이 올바른 목회를 감당하기 어려운 것 또한 사실이다. 비록 시대적인 차이 때문에 사회문화적, 정치경제적, 종교적인 상황이 많이 다르기는 하지만, 바울의 서신을 통해 본 바울의 목회

37 Larry Graham, *Discovering Images of God* (Louisville, KY: Westminster John Knox Press, 1997), p.175.

는 당시 그가 살던 시대의 흐름과 조류에 맞서며 복음을 변증했음을 알 수 있다. 즉 그는 모세의 율법과, 유대인들의 전통과, 종교적인 관습에 대항하여 예수 그리스도를 통한 하나님의 의로우신 구원의 역사를 믿는 믿음을 강조하며 초대 교회를 이끌어갔던 것이다.

이런 의미에서 바울은 당시 예수님을 구주로 받아들이며 믿는 사람들의 새로운 공동체인 기독 공동체가 처한 내부적인 상황과 바깥에서 받는 도전과 유혹에 저항했던, 철저하게 컨텍스트 중심의 목회를 했다고 볼 수 있다. 여기서는 당시 중요했던 네 가지 사회종교적인 구조와 그에 따른 편견들을 종교적인 전통과 관습, 인종과 종족, 사회신분과 성별 중심으로 바울의 컨텍스트 중심의 목회를 살펴보고자 한다.

종교적 전통과 관습(Religious Tradition and Customs)

바울의 삶과 신학에 있어서 가장 중요한 컨텍스트는 바로 그가 속해 있었던 유대교의 종교적 전통과 관습이었다. 로마인이자 충실한 유대교의 신봉자였던 바울이 회심한 후 포기해야 했던 가장 큰 도전은 바로 그의 학문과 지식의 중심을 차지했던 유대교의 전통이었다(빌 3:4-9). 유대교의 문화와 종교적인 의례와 전통은 그가 개척한 신앙공동체에게 끊임없는 도전과 위협이 되었으며 교회 안에 분열과 상처를 안겨 주었던 것이다(빌 3:1-3). 또한 당시 유대인들 사이에서는 유대교 전통에 따른 계급적인 제사장직에 대한 불만이 확산되고 있었다. 그렇다고 해서 모든 유대인들이 예수 그리스도를 믿는 신앙공동체가 된 것은 아니다. 많은 종파가 형성되기 시작했는데, 대표적으로 쿰란 공동체, 엣세네파 공동체 그리고 바리새파 등을 들 수 있으며, 또한 시나고그(synagogue)라는 신전이 유대인들 사이에 종교적 공동체 생활의 중심지가 되었다.

이러한 다양한 공동체와 종교적 기관들이 예수 그리스도의 복음을 약화시켰으며, 결국 바울의 기독 공동체의 분열과 혼란을 초래하기도 했다(갈 1:6-7, 2:4, 4:8-9). 바울은 자신이 세운 교회들을 떠나 있었고, 심지어는 옥에 갇혀 있었을지라도 그러한 혼란으로 인해 신앙공동체에 속한 신자들이 겪는 고통과 아픔을 도외시하지 않고 복음을 변증함으로써 목회적 돌봄과 복음의 수호를 위해 자신이 할 바를 다 했다. 한마디로 표현하자면, 예수 그리스도의 사도들이 세운 그리스도 공동체를 비롯하여 바울이 회심한 후 이방인 전도를 하여 세운 많은 교회들은 다양한 유대교의 종교 지파들과 다른 이방 종교들과의 목숨을 건 관계를 통하여 예수 그리스도의 십자가의 죽음과 부활을 믿는 신앙을 지켜갔던 것이다(행 8:1-3). 그러나 바울은 비록 유대교와는 결별했지만 하나님의 우주적인 사랑을 실천하여 유대인이나 헬라인 그리고 이방인들까지 포용하여 유대인의 율법과 헬라인들의 철학을 초월한 예수 그리스도의 십자가 복음의 도를 전했다.

> "유대인은 표적을 구하고 헬라인은 지혜를 찾으나 우리는 십자가에 못 박힌 그리스도를 전하니 유대인에게는 거리끼는 것이요 이방인에게는 미련한 것이로되 오직 부르심을 받은 자들에게는 유대인이나 헬라인이나 그리스도는 하나님의 능력이요 하나님의 지혜니라"(고전 1:22-24).

바울은 갈등과 혼란과 분쟁과 절망과 아픔을 겪는 기독 공동체를 돌보았을 뿐만 아니라, 사람들이 만든 사회문화적, 종교철학적 모든 전통과 관습을 초월하여 모든 믿는 자를 치유하시고 새로운 생명을 주시는 예수 그리스도의 위대한 복음을 강력하게 증거하고 있다.

인종과 종족(Race)

> "새사람을 입었으니 이는 자기를 창조하신 이의 형상을 따라 지식에까지 새롭게 하심을 입은 자니라 거기에는 헬라인이나 유대인이나 할례파나 무할례파나 야만인이나 스구디아인이나 종이나 자유인이 차별이 있을 수 없나니 오직 그리스도는 만유시요 만유 안에 계시니라"(골 3:10-11).

그레코-로만(Graeco-Roman) 사회에서 자유한 자와 남자와 더불어 로마 시민은 특권을 가진 그룹이었다. 따라서 당시 많은 이방인들은 할 수만 있으면 돈을 주고서라도 로마 시민권을 사려고 했다(행 22:25-29). 이미 예수님께서 사역하실 당시부터 이스라엘 사회에서는 유대인과 다른 이방 족속들, 예들 들면 가나안, 수로보니게, 사마리아인 사이에는 건널 수 없는 깊은 증오와 차별이 존재해 왔다(막 7:24-30; 요 4:1-10). 이런 맥락에서 그 어떤 유전적인 혈통이나 사회적 지위 등을 기준으로 볼 때 특권 계층이라고 할 수 없었던 기독 공동체는 당시 파격적인 자아관, 문화관, 세계관이라고 아니할 수 없다(롬 3:22; 전 12:13; 갈 3:28). 그러나 유대 기독 공동체가 완전히 인종이나 종족 차별에서 자유로워 진 것은 아니다. 당연히 특권을 가진 우월의식을 완전히 버리지 못한 유대인들과 그렇지 못한 이방 민족 출신들 사이에 갈등과 다툼이 발생하기 시작했다. 기독교로 개종한 유대인들 중 일부는 여전히 예전의 모세의 율법을 따르는 유대교적인 구습과 풍습을 좇았으며 이방인 출신 크리스천들에게도 이것을 따를 것을 강요했다. 특히 그 들은 여전히 할례와 안식일 준수에 있어서 모세 율법을 따르는 것을 구원의 조건이라고 강조함으로써 그리스도의 십자가의 복음을 희석시키는 역할을 하였다(갈 2:1-21).

이러한 상황에서 바울은 예수 그리스도의 십자가의 도를 떠나지 말 것을 강조하는 한편, 믿음이 강한 자는 연약한 자를 받고 또한 모든 일을 하는 데 자유함을 갖되 그 자유함까지도 하나님의 영광을 위해서 사용하라고 권면하고 있다(고전 9:19-22). 당시 사회의 뿌리 깊은 인종과 종족에 따른 차별과 멸시와 소외감과 억압에 대항하여 하나님의 복음 안에서 모든 사람에게 차별이 있을 수 없다는 당시 사회의 근본적인 변혁을 부르짖었던 바울의 예언자적 목소리는, 현대의 목회신학과 돌봄과 상담에 종사하는 자뿐만 아니라 현대교회가 공동체적 돌봄과 컨텍스트 중심의 모델을 실천하기 위해서 반드시 필요한 자세가 아닐 수 없다.

사회 신분(Social Class)

유전적인 혈통에 따른 차이로 인한 교회 공동체의 어려움뿐만 아니라 바울은 또한 사회신분상의 차이에도 주의를 기울였다. 신앙 공동체 안에 속해 있었던, 사회적으로 소외당하고 박해받고 힘이 없는 사람들을 돌보는 데도 바울은 섬세한 관심을 보였던 것이다. 실제로 바울 공동체는 다양한 사회적 신분과 교육적 배경을 가진 사람들로 이루어졌다. 그러나 지성인이나 귀족 혹은 귀부인 등 상류층과 하류계층 중 어느 부류가 더 많았는가는 학자들 간에 보는 관점에 따라서 그리고 바울이 쓴 각 서신서에 따라서 달라질 수 있다. 이러한 논의는 신약학자나 바울 연구가의 몫으로 남겨두고, 목회신학자인 나의 관점에서는 신앙공동체를 돌봄에 있어 사회신분상으로 하류계층에 속한 사람들을 소외시키지 않았다는 점에서 바울이 목회자로서 목회돌봄 사역을 했음을 알 수 있다.

바울은 또한 사회계급인 종과 상전의 비유를 들고 있는데, 골로새서 4장 1절에서 "상전들아 의와 공평을 종들에게 베풀지니 너희에게도 하늘에 상전이 계심을 알지어다"라고 말하고 있다. 특별히 빌레몬서에서 바울은 사도요 많은 교회를 세운 존경받는 자임에도 불구하고 빌레몬의 종 오네시모의 예를 통하여 하나님의 복음을 전하는 일을 함에 있어서 사회신분상의 제약을 받을 수 없음을 대변하고 있다. 또한 비록 사회신분상으로 종으로서 오랜 시간 고통과 절망과 한숨에 싸여 있다 하더라도 하나님의 진리의 복음을 믿으며 함께 신앙생활을 하는 신앙공동체를 통하여 새로운 희망을 발견하고 삶을 시작할 수 있다는 중요한 사실을 우리에게 보여주고 있다.

먼저 바울은 타인의 물건을 훔치고 주인에게서 도망친 빌레몬의 노예였던 오네시모를 일컬어 "갇힌 중에서 낳은 아들 오네시모"라고 부르면서 종의 신분에서 바울의 아들 같은 존재로 그의 신분을 변화시킨다. 바울은 여기에서 목회돌봄이나 목회상담에 종사하는 이들이, 더 나아가 신앙공동체인 교회가 반드시 배우고 품어야 할 마음을 보여준다. 다시 말하면, 바울은 단순히 사회적 신분이 낮은 자에게 관심을 가진 것뿐만 아니라 그를 인격적으로 존중해 주며 그가 다시 살아갈 수 있는 희망을 제시하고 있는 것이다. 그러기 위해서는 단순한 동정(sympathy)이 아닌 그의 아픔과 절망을 상담자 혹은 신앙공동체의 것으로 자기화함과 동시에 그가 구체적으로 희망을 찾아가도록 돕는 것이 필요하다.

오네시모의 신분을 변화시켜 준 바울은 오네시모와 그의 주인이었던 빌레몬과의 화해를 시도한다. 당시 로마 사회의 상황에 비추어 보면 도저히 불가능한 것을 바울은 믿음 안에서 요청하고 있다. 그는 "이후로는 종과 같이 대하지 아니하고 종 이상으로 곧 사랑받는 형제로 둘 자라 내게 특별히 그러하거든 하물며 육신과 주 안에서 상관된 네게랴"(16절)라고 말한다. 여기서 바울은 상류계급 출신의 빌레몬과 그의 종으로서 하류계층 출신인 오네시모를 믿음 안에서의 형제 관계로 이끌고 있다.

앞에서도 말한 대로 정의는 관계적이다. '나' 와 '너' 의 관계 속에서 실천하지 않으면 정의는 그저 관념에 지나지 않는다. 바울은 이곳에서 바울과 빌레몬의 관계를 통하여 빌레몬과 오네시모의 관계의 회복을 꿈꾸고 있다. 앞에서 그레이엄이 말한 대로 관계적 정의는 깨어지고 왜곡된 하나님과 인간 그리고 생태계의 관계 사이에 샬롬의 기쁨을 이끈다. 바울과 오네시모와 빌레몬의 관계 속에서 바울은 신앙공동체가 가져야 할 사회정의에 대하여, 더 나아가 하나님의 사랑과 정의가 무엇인지를 신앙공동체 안에 보여주고 있는 것이다.

성별(Gender)

종교적인 유대 전통, 인종과 종족, 사회적 계급과 함께 바울 서신에서 바울이 주목한 사회문화적 컨텍스트 중 하나는 바로 교회 안에서 여성의 위치와 역할이다. 바울의 여성관에 대해서 한마디로 정의하기는 매우 어렵다. 왜냐하면 그의 서신을 보면 여성에 대한 너무도 상반된 구절들이 나오기 때문이다. 따라서 어느 한 구절을 놓고 바울이 남성우월주의다 아니다를 논하는 것은 너무 성급한 판단일 것이다.

흔히 바울은 남성우월주의 사상을 가졌다고 여성 신학자들 사이에서 비난받는데, 그것은 주로 고린도전서 11장과 14장의 몇몇 부분에 근거한다. 예를 들면, "여자의 머리는 남자요"(고전 11:3), "여자가 남자를 위하여 지음을 받은 것이니"(고전 11:9), "여자는 교회에서 잠잠하라"(고전 14:34), "집에서 자기 남편에게 물을지니"(롬 14:35) 등이다. 반면에 "주 안에는……여자 없이 남자만 있지 아니하니라"(고전 11:11)나 "남자도 여자로 말미암아 났음이라"(고전 11:12) 등의 구절을 보면 바울이 여성들을 존중하는 모습도 나타난다.

따라서 바울의 여성관을 현대의 사회문화적인 관점에서만 해석한다면 무리가 따를 뿐만 아니라, 바울 서신 전체를 성서역사학적으로, 사회문화적으로 철저하게 연구하지 않고 단순하게 바울의 여성관을 논한다는 것은 매우 위험한 일이다. 다만 이 장에서는 바울이 자신의 선교와 신앙공동체 안에서 여성의 역할에 대해서 매우 관대하고 격려하는 모습을 보임으로써 나름대로 여성의 위치를 인정해 주고, 그들의 수고를 당연한 것으로 여기지 아니하고 위로해 주는 목회적 돌봄의 기능도 실천했음을 강조하고자 한다.

컨텍스트 중심의 목회상담과 한국 교회

나는 힘과 관계적 정의 그리고 바울의 컨텍스트 중심의 사역을 고찰하면서 과연 한국 교회가 하나님의 사랑과 정의를 이 땅 위에서 실천할 수 있을지 고민하며 생각해 보았다. 1970~1980년대에 양적으로 고속 성장을 이루며 세계적으로 그 유례가 없을 정도로 단기간 내에 많은 대형 교회를 이루어냈던 한국 교회. 그러나 1990년대에 들어서면서 전혀 주춤할 것 같지 않았던 성장이 차츰 둔화하기 시작하면서, 마침내 2000년대에는 교회의 양적 후퇴를 경험하게 된다. 그러나 교인 수의 감소와 더불어 더 염려스러운 것은, 한국 기독교가 바울이 그토록 초대 교회에 불어넣어 주고자 했던 예수 그리스도의 생명의 도를 잃어버리고 있는 조짐이 보인다는 것이다. 좀더 과격하게 표현하자면, 한국 교회가 과연 언제 십자가의 도를 제대로 이해한 적은 있었나 하는 우려를 갖게 된다. 이미 한국 교회의 신뢰도는 바닥까지 떨어지고 있어, 천주교와 불교에 이어 3위에 그치고 있지 않은가. 넌크리스천들과 심지어 양식 있는 크리스천들에게 비치는 한국 교회의 부정적인 이미지로는 아마도 다음과 같은 몇 가지를 들 수 있을 것이다.

교인 수, 헌금, 교회 건물 크기 등 세속화, 물량화된 교회성장관
- 담임목사의 전횡과 욕심, 성직자답지 못한 언행과 교만, 천박한 '주의 종' 의식
- 장로나 권사 등 잘못된 교회 직책에 대한 의식구조
- 권위주의적이고 계급적인 교회 구조

- 힘없고 가난한 계층에 대한 교회의 적은 관심
- 불의를 비롯한 사회의 부조리에 대한 교회의 목소리의 부재
- 시대를 리드하는 빛과 소금의 역할 미흡

이러한 부정적인 면들을 보면 한마디로 교회가 신앙공동체적 컨텍스트 중심의 목회돌봄을 실천하는 데 매우 인색했다고 볼 수 있다.

물론 그동안 한국 교회가 교회의 양적 성장을 통하여 그리스도의 복음을 전하며, 전도와 선교를 통하여 하나님의 나라를 확상하는 데 큰 공헌을 했음은 부인할 수 없는 사실이다. 그러나 한국 교회가 심각하게 반성해야 할 것 가운데 하나는, 바로 하나님 나라의 확장이 곧 많은 교회를 세우고, 성경을 나누어주고, 말씀 훈련을 시키는 것인 양 그것에 너무 집중했다는 데 있다. 교회의 본질이 무엇인가? 당연하게도 하나님 나라 확장에 있다. 그렇다면 하나님의 나라를 확장하는 것이 무엇을 의미하는가? 만일 그것이 하나님의 나라를 이 땅 위에 실현시키는 것이라고 믿는다면 그의 나라를 이 땅 위에 실현하는 것은 곧 하나님의 차별 없는 사랑과 공의를 이 땅 위에 널리 전파하고 실천하는 것이다. 바로 이 일을 위해 교회가 세워지고 부르심을 받았다고 믿는다.

이런 맥락에서 볼 때, 오늘날 한국 교회는 목회자와 교인과 교회건물이 존재하고, 말씀이 넘쳐나고, 이제 세계에 선교사를 가장 많이 파송하는 나라가 되었다고 힘껏 목소리를 낼 것이 아니라 진정 하나님께서 기뻐하시는 열매를 맺고 있는가 돌아보아야만 한다. 신앙공동체적 목회돌봄과 상담은 단순히 교회 안에서 교인들끼리 감

싸안고 돌보는 소극적인 의미에서의 돌봄의 사역이 아니다. 그것은 다른 사람들까지도 안아 줄 수 있어야 하며, 사회문화적으로 소외당하고 가난하고 힘 없는 이들이 교회에 와서 참된 공동체를 경험하는 것이다. 자신이 속한 사회의 폭력적, 억압적 구조와 문화 속에서 자신의 참된 가치를 발견하지 못한 사람들이 하나님의 형상을 따라 창조된 참된 '자기' 를 발견하여 하나님의 풍성한 은혜와 사랑을 누리는 곳이 바로 교회의 본질적인 모습이다. 이런 의미에서 신앙공동체적 모델은 컨텍스트 중심의 접근방법과 별개의 패러다임이 아니다. 교회 안에서 참된 신앙공동체를 이루는 것과 모순된 사회구조로 인해 발생하는 인간의 존엄성과 자연 생태계 파괴와 그에 따른 인간의 절망과 고통, 좌절과 소외 등을 교회가 안고 가는 것은 동일하게 교회가 돌봐야 할 사회적, 신앙적인 '책임' 이다.

그러한 책임을 교회와 크리스천들이 실천하기 위해서 두 가지 제안을 하고자 한다. 첫째는, 한국 교회가 힘과 관련하여 관계적 정의를 재조명해야 할 필요가 있다. 많은 경우, 교회에 문제가 생기는 원인을 보면, 누군가를 제압할 수 있고 영향을 미칠 수 있는 일방적인 관점에서 힘을 해석한다. 그러다 보니까 정의 역시 내 입장에서 올바르면 힘을 사용해서라도 목적을 성취하고자 한다. 내가 받은 은혜, 내가 받은 소명, 내가 받은 감격, 내 입장만 중요하고 올바르고 정의로운 것이다. 그러나 이제 한국 교회는 그레이엄이 말한 대로 상대방에게 영향을 받을 줄도 아는 온유한 힘이 필요한다. 상대방에게도 무언가를 할 수 있는 힘을 나누어줄 때 관계적 정의가 이루어진다.

앞에서 살펴본 대로 바울은 힘의 쌍방향적인 원리와 관계적 정의를 잘 이해하고 있었다. 그는 모든 것을 할 수 있지만 그 힘을 모든 것을 다 하는 데 쏟지 않았다. 그에게는 절제하는 힘이 있었다. 그리고 남에게 영향을 받을 줄도 알았다. 예수 그리스도의 십자가의 복음을 어지럽게 하는 무리들에게는 그 어떤 타협도 하지 않는 강력한 그리스도의 제자도와 리더십을 발휘했지만, 교회의 질서와 평화를 위해서는 자신의 사회적인 신분과 사도로서의 권한과 힘을 남용하지 않았다. 한국 교회가 내부적으로 그릇된 힘의 소유를 위해 이전투구할 때는 교회가 가지는 영적인 힘이 제대로 발휘될 수 없다. 세속적인 힘의 개념을 교회가 똑같이 사용할 때 교회는 하나님의 공의와 진리를 망각하는 것이며, 억압적이며 폭력적이고 인간을 소외시키고 탈진시키는 이 세상의 사회문화적 구조와 가치와 관습에 저항하는 신앙공동체로서의 역할은 공염불에 지나지 않을 것이다.

둘째로, 한국 교회가 교회 안과 사회 속에서 관계적 정의를 온전히 이루기 위해서는 무엇보다도 불의와 죄악에 대한 '저항' 정신과 '변혁' 의 정신을 회복해야 한다. 단지 하나님의 형상을 따라 창조되었을 때 인간 안에 내재해 있었던 완전성를 회복해야 한다고 말하는 것만으로는 부족하다. 예수님께서 모세의 율법과는 다른, 살아 계시는 하나님의 복음을 전파할 때 보여준 모습은 바로 저항과 변혁이었다. 예수님은 율법주의적이고 위선적이며 종교의 이름으로 많은 사람들에게 무거운 짐과 고통과 절망만을 주었던 당시 바리새인과 사두개인 등 종교 지도자들의 협박과 회유에 저항하시며, 오직 회개함으로 변혁되어 자신에게 나아오라고 말씀하셨다.

바울 서신의 모든 내용들을 두 단어로 정리한다면 그것은 바로

'저항' 과 '변혁' 이라고 할 수 있다. 그는 "너희는 이 세대를 본받지 말고 오직 마음을 새롭게 함으로 변화를 받아 하나님의 선하시고 기뻐하시고 온전하신 뜻이 무엇인지 분별하도록 하라"(롬 12:2)라고 말함으로써 하나님의 뜻을 분별하는 새 생활을 살 것을 강조하고 있다. 여기서 '본받지 말라' 는 것은 바로 '저항' 을 의미하며 '마음을 새롭게 하여' 는 '변혁' 을 뜻한다. 저항과 변혁은 컨텍스트 중심의 목회돌봄에서 뗄래야 뗄 수 없는 관계다. 비인간적이고 불의한 것들에 대해 목회자와 교회가 저항하려는 의지 없이 교회의 병폐를 낳는 계급적인 구조와 온갖 사회문화적 병리 현상을 낳는 사회의 구조를 변혁시킬 수는 없다. 진정으로 새롭게 되려는 '저항' 과 '변혁' 의 결단 없이 교리적이고 관습적으로 하나님의 사랑과 정의를 외치는 것은 눈 가리고 아웅 하는 식에 지나지 않을 것이다.

교회는 세상 것을 가르치지 않는다. 교회는 세상 것들을 취해서는 안 된다. 그러나 교회는 세상 밖이 아니라 세상 안에서 존재한다. 그러기에 교회는 교회 내부의 악한 것들로부터의 영적인 유혹과 도전에 저항하며 변혁해야 할 뿐더러, 사회문화적이고 윤리적인 타락과 죄성에 얽매인 모든 인간적인 행위와 규범들을 변혁시키기 위하여 끊임없는 '돌봄' 의 역할을 다해야만 할 것이다.

요약

목회돌봄과 상담의 주요 대상자는 누구인가? 말할 것도 없이 사람이다. 상처받고, 고통받고, 절망에 빠진 한 사람 한 사람이 목회자와 목회상담가의 대상이다. 또한 한 사람 한 사람이 구성원이 되어 관계를 형성해 가며 유지해 가는 가족이다. 가족은 하나의 작은 시스템이다. 가족 중 한 사람이 심리적, 정신적, 영적인 고통과 장애에 빠지면 그 한 사람뿐만 아니라 가족 전체를 돌봄과 상담의 영역에 포함시킨다. 왜냐하면 가족관계 속에서 그 아픔의 근원을 이끌어낼 수 있기 때문이다. 작은 시스템으로서 가족이 목회돌봄과 상담의 중요한 대상이 된다면, 당연히 더 넓은 시스템인 우리가 살고 있는 이 세상도 우리의 돌봄의 대상이 되어야 한다. 컨텍스트 중심의 목회돌봄과 상담은 바로 이 점을 간과하지 않고 강조하고 있는 것이다.

한 명의 연예인이 자살을 할 경우, 그 혹은 그녀의 개인적인 성격이나 가족관계뿐 아니라 자살을 이끌어낸 보다 넓은 우리 사회의 병리적인 현상과 가치관에 대해서도 심사숙고해야 한다. 우리의 관심이 그저 그들을 둘러싼 주변 상황에만 집착한다면 우리 사회는 또 다른 자살을 유도하는 구조를 영속화할 우려가 있다. 우리 사회가 병들고 악해져 가고 있다는 것은, 비록 개인 차는 있을지언정 그 안에 속한 개인들 역시 병들고 악해져 갈 가능성이 매우 크다는 것을 의미한다. 더 강하고, 더 부유하고, 더 유명하고, 더 똑똑하고, 더 매력적인 것들을 사회규범으로 숭배하는 한 우리는 더 많은 사회구조와 체제의 희생자를 양산하고야 말 것이다.

바울이 기독교적인 관점에서 당시 사회와 문화와 유대 종교적인 관습과 전통에 대항하고 변혁할 것을 주장했음을 한국 교회는 뼈저리게 주목해야 한다. 우리는 사람들이 울고 있고, 사회가 아파하며, 자연계가 통곡하는 시대에 살고 있다. 이제는 한국 교회가 부흥과 성장보다 폭력적이고 지배적인, 악하고 죄 된 우리 사회의 구조와 세속화한 사회문화규범에 대해 하나님의 마음을 가지고 보다 적극적인 관심과 정의를 실천해야 한다. 많은 목회상담가와 돌봄 제공자들 역시 다양한 사회적인 이슈에 대해서 함께 목소리를 내어, 내담자의 병든 마음에 숨어 있는 우리 사회의 부조리들을 허무는 역할을 감당할 수 있기를 바란다.

제6장 십자가 신학, 십자가 목회상담 그리고 바울의 십자가 신앙

기독교의 핵심은 창조론과 죄와 예수님의 동정녀 탄생과 십자가에서의 죽으심과 부활이다. 조직신학의 주요 신학적 논쟁들은 위의 네 가지 주제를 기초로 해서 이루어졌고 지금도 진행중이라고 말해도 과언이 아닐 것이다. 물론 이단과 사이비와의 싸움 역시 신론, 인간론, 예수님의 신성과 인성 그리고 십자가와 부활을 둘러싸고 이루어졌다. 나는 이러한 네 가지 신학적 주제가 목회신학과 돌봄과 상담에도 중요한 이론적이고 실천적인 대안을 제시해 줄 수 있다고 믿는다. 앞으로 기회가 주어지면 조직신학의 주요한 쟁점들을 목회신학과 돌봄과 상담의 관점에서도 분석하여 목회상담신학의 이론적인 틀을 마련하고자 한다. 이 장에서는 그 가운데서, 특히 우리 인간의 고통과 희망을 비유적으로 가르쳐 주고 있는 예수님의 십자가에 초점을 맞추고자 한다.

이를 위해서 먼저 캐나다의 맥길 대학에서 신학을 가르치고 있는 더글라스 존 홀(Douglas John Hall)의 십자가 신학(theology of the Cross)을 잠시 고찰하고자 한다. 그는 30년 이상 조직신학적, 성서신학적, 실천신학적으로 인간의 실존과 고통 속에 임재하시는 하나님과 예수 그리스도의 십자가를 연결시키며 연구해 온 북미의 대표적인 신학자이다. 그의 논의들은 우리가 삶 속에서 경험할 수 밖에 없는 고통을 하나님의 눈으로 바라볼 수 있도록 우리를 인도할 것이다. 그 후 사도행전과 바울 서신에 나타난 바울의 십자가 신학을 다룰 것이다. 마지막으로 바울의 십자가 신학을 목회신학과 돌봄과 상담에 통합한 후 한국 교회에 어떻게 적용할 수 있는지를 함께 고민하는 시간을 갖기를 원한다.

십자가 신학과 인간 고통

예수님의 십자가가 없는 기독교는 상상할 수 없다. 아니, 예수님의 십자가가 없는 기독교는 이미 기독교이기를 포기한 유사 기독교에 지나지 않는다. 예수님을 믿지 않는 이들에게는 그들이 경험하는 깊은 고통과 좌절과 아픔 속에서 예수님의 십자가가 아무런 해결책도 줄 수 없는 것처럼 여겨지는 반면에, 예수님께서 다시 살아나겠다고 한 약속을 믿는 이들에게는 예수님의 십자가가 더 이상 약함과 실패와 마지막을 의미하지 않는다. 예수님의 십자가는 이 땅 위에서 믿는 자들이 경험하는 그 어떤 고통도 정복할 수 없는 '희망' 이 존재한다는 사실을 상징적으로 보여주고 있는 것이다.

그러나 설령 우리 크리스천들이 그렇게 믿는다 해도 우리는 십자가의 부활과 부활이 주는 새로운 희망을 너무 쉽게 이야기할 필요는 없다. 현대 크리스천들이 가진 맹점 중 하나는 십자가를 지신 예수님께서 온몸으로 당하신 육체적인 고통과 "아버지, 아버지, 왜 나를 버리셨나이까?"라고 십자가 상에서 울부짖으시면서까지 예수님께서 심리적, 영적으로 경험하셨던 완전한 소외감과 버림 받으심보다는 십자가에서의 고통이 사라져버린 후 다시 살아나신 그 놀라운 기적, 즉 영원한 생명만을 바라보고 위안 삼기를 바라는 경향이 있다. 따라서 늘 기뻐하고, 즐거워하며, 역동적이며, 힘찬 신앙생활을 강조한다. 그것이 나쁘다는 것이 아니라 그것만으로는 뭔가 부족하다는 것이다. 우리가 부활의 기쁨으로만 만족하고 십자가의 고통을 외면할 때 우리는 삶 속에서 역사하시는 하나님을 제대로 이해할 수 없으며 경험할 수 없게 된다. 왜냐하면 예수님의 고통은 바로 하나님의 고통이었고, 우리의 고통 속에서 하나님은 우리와 함께 아파하시기 때문이다. 더 나아가 우리가 당하는 고통 속에서 하나님께서는 우리에게 무언가를 알려 주기를 원하시는 경우가 자주 있다.

그렇다면 인간이 경험하는 고통의 진정한 의미는 무엇일까? 우리는 이런 질문을 자주 하곤 한다. 우리가 받는 고통 속에서 하나님은 도대체 어디에 계시는 것일까? 특별히 요즘처럼 심리적이고 영적인 고통에 시달린 나머지 자살하는 사람들이 많이 생기는 때, 우리는 이 질문을 보다 심각하고 진지하게 생각해 보아야 한다. 우리가 고통당할 때 나타나는 질문과 태도는 매우 다양하다. 자신이나 다른 피해자의 아픔에 직면할 때 하나님을 비난하는 사람도 있고, 그러한 고통 속에서 하나님께서 우리와 함께하신다고 믿으며 하나님의 도우심을 위해 기도하는 사람도 있다. 혹은 하나님은 애시당초 존재하시지 않는다고 보는 사람도 있을 것이고, 우리가 당하는 고통은 내 개인의 심리적인 문제나 사회문화적 부조리 때문에 생기는 것이기 때문에 하나님과는 전혀 상관이 없다고 말할 수도 있을 것이다. 나는 하나님께서는 초월적인 분이신 반면에 현존하는 분이시며, 예수 그리스도의 십자가 고통과 그 의미는 현대를 살아가는 우리가 경험하는 고통과 밀접한 관련이 있다고 믿는다.

본질적으로 인간의 고통은 죄(sin)와 악(evil)과 깊은 관련이 있다. 컨텍스트 중심의 목회신학과 돌봄과 상담에서 살펴본 대로, 많은 사람들이 겪는 고통과 아픔은 이 사회와 문화의 부정하고 모순된 구조와 힘의 남용으로부터 나온다. 예를 들면, 가진 자와 못 가진 자로 구분되는 금권주의, 남녀차별 그리고 인종차별, 나이 든 노인을 비롯한 약하고 사회로부터 버림받은 이들의 비참한 삶의 현실, 성적인 무질서와 혼란과 가정의 파괴 등등, 위에서 예를 든 사회문화, 정치경제적인 구조는 현대인들이 겪는 고통의 중요한 원인으로 작용한다. 고통을 개인적인 심리적 차원이 아니라 보다 넓은 사회구조적인 차원에서 접근할 때, 결국 현대인들은 죄와 악으로부터 오는 고통에 시달리고 있는 셈이다.

우리가 이것을 제대로 이해한다면 우리는 십자가에서 당하신 예수님의 고통을 바로 볼 수 있다. 예수님께 십자가 형을 선고한 것은 바리새파와 사두개인 그리고 로마 권력에 빌붙어 자신들의 힘을 유지하고자 했던 정치군인들과 무지한 백성들의 합작품이었다. 그러나 정치종교적인 이유는 표면적인 것들이고 본질적으로는 죄와 악의 문제이다. 우리가 당해야 할 고통을 대신 짊어지신 예수님의 고통은 바로 우리가 담당해야 할 죄와 악의 문제를 해결해 주시기 위함이며, 우리에게 소망, 즉 영원한 생명을 주시기 위함이다.

그렇다면 하나님은 우리가 고통을 받을 때 어디에 계시는가? 홀은 우리와 함께하시는 '임마누엘'의 하나님의 개념을 가지고 '고통받는 하나님'을 설명한다. 사람의 육신을 가지시고 이 땅에 오신 예수 그리스도는 고통받으셔야만 했다. 왜냐하면 '고통'은 인간들이 타락 후에 운명과도 같이 지녀야만 하는 '인간 조건'(condition)이었는데, 이것에 대한 해결책 없이 하나님께서 자신의 피조물인 인간과의 관계를 다시 맺을 수 없었기 때문이다. 다른 말로 표현하면, 하나님께서는 우리 인간들과 연합을 이루시기 위한 임마누엘(하나님이 우리와 함께 계시다)의 하나님이 되시기 위해서 친히 '고통받는' 하나님이 되셔야 했다.

'고통받는 하나님' 개념은 독일 신학자 위르겐 몰트만(Jürgen Moltmann)의 책 《십자가에 못 박히신 하나님》(The Crucified God)이 출간된 이후로 많은 신학자들로부터 반향을 불러일으킨 주제다. 하나님이 고통당할 수 있을까? 만일 그렇다면, 고통을 느끼며 당하는 하나님이 어떻게 거룩한 신적인 존재가 될 수 있는가? 하나님께서 진정 거룩하고 절대적인 존재라면 하나님은 고통당하지 않는다는 의문이 제기되어 왔던 것이다. 몰트만은, 하나님께서는 고통받으실 수 있다는 자신의 확신을 다시 한 번 이렇게 말하며 강조한다.

> 그러나 고통의 다른 세 번째 유형이 있는데, 그것은 바로 적극적인 고통(active suffering)이다. 이것은 자기 자신이 다른 사람에게서 영향을 받을 수 있고 친밀한 관계를 맺을 수 있도록 자발적으로 열려

있는 상태를 의미하는 한편, 다른 사람의 고통을 향해 애정 있는 사람으로 함께 고통받는 것을 의미한다. 만일 하나님이 모든 면에서 고통받지 않으신다면, 그 하나님은 사랑의 하나님이 아니시다. 그러나 진정 하나님이 사랑이시라면 다른 사람들을 사랑하시는 그 사랑으로 또한 그들의 고통에 자신을 내어놓으신다. 그럼에도 불구하고 하나님은 우리 연약한 인간들처럼 무언가 결핍 때문에 고통받으시는 것이 아니라, 자신의 거룩함이 충만하게 깃들어 있는 창조물들을 향하신 사랑 때문에 기꺼이 고통당하시는 것이다. 이런 의미에서, 하나님은 고통당하실 수 있고, 당하실 것이며 또한 이 세상 속에서 지금도 고통당하고 계신다.[38]

몰트만이 위에서 말했듯이, 나는 오늘 우리가 받는 고통 속에서도 임마누엘의 하나님이 여전히 함께 고통받으시고, 우리가 좌절하고 절망할 때도 하나님께서 우리와 함께 아파하신다는 것을 믿는다. 그러나 우리에겐 소망이 있고 치유의 희망이 있다. 예수님께서 죄와 어둠의 사망 권세를 이기시고 부활하셨기 때문이다. 그리고 이 부활 신앙이 우리에게 큰 희망과 회복과 치유가 되기 위해서는 예수 그리스도의 십자가 믿음과 신학을 바로 이해하는 것이 필요하다.

십자가 신학(theology of the Cross)은 종교개혁자 마틴 루터가 영광의 신학(theology of glory)과 비교하면서 처음 사용하기 시작하였다. 이 두 신학은 하나님, 인간, 그리고 세계에 대한 기본적인

38 Jürgen Moltmann, "The Crucified God: Yesterday and Today: 1972-2002," in *Cross Examinations*, ed. Marit Trelstad (Minneapolis, MN: Augsburg Fortress, 2006), p.131.

인식에 있어서 상반된 입장을 취하고 있다. 즉 십자가 신학은 인간은, 오직 십자가만을 통하여 하나님이 누구신지 그리고 우리를 어떻게 구원하셨는지를 알 수 있다고 주장하는 반면에, 영광의 신학은 인간의 능력과 이성으로도 하나님을 알 수 있다는 것이다. 또 다른 차이점은 바로 예수님의 십자가를 보는 관점이다. 영광의 신학은 십자가를 통해 부활하신 하나님의 역사를 '승리', '힘', '정복'으로 해석한다. 그러나 십자가 신학은 그러한 힘의 비유를 부인하지는 않지만 그 힘에 대한 정의를 재해석하려고 한다. 홀은 "십자가 신학은 단순히 힘의 비유를 아무 쓸모 없는 것처럼 여기려는 것보다 그것을 비판적으로 재해석한다. 즉 하나님의 구원의 역사와 승리는 오직 십자가에서 못 박히신 예수님 안에 나타나신 하나님의 형상을 통해서만이 그 의미를 가질 수 있다"39고 말한다.

홀은 영광의 신학(theology of glory)을 거부하고 마틴 루터의 신학을 원용하면서 십자가에 못 박혀 고통당하신 예수님을 통하여 역설적이고 은밀하게 자신을 드러내신 하나님 대신에, 영광의 신학은 인간이 자신이 가진 지식과 인지능력을 가지고 하나님의 거룩한 임재와 영광을 확실하게 알 수 있다고 말함으로써 우리를 혼돈에 빠지게 한다고 비판한다. 홀은 영광의 신학은 믿음이 아닌 '보는 것의 신학'(theology of sight), 십자가에 담겨 있는 내일에 대한 희망과 소망 대신에 '현세를 마지막으로 보는 신학'(theology of finality) 그리고 사랑보다는 '힘과 권세를 강조하는 신학'(theology of power)이라고 말한다. 홀은 또 영광의 신학에 담겨 있는 왜곡된

39 Douglas Hall, *God & Human Suffering* (Minneapolis, MN: Augsburg Publishing House, 1986), p.105.

하나님의 은혜를 신랄하게 비판하면서 다음과 같이 말한다.

> "십자가 신학의 근간을 이루는 전제는 십자가에서 자신을 구현한 하나님께서는 신실하시다는 것이다. 즉 하나님은 그의 창조물들을 위해 현재도 스스로 일하고 계시며, 절대로 그가 지으신 이 세상과 창조물들을 포기하지 않으신다"40

십자가 신학을 강조하면서 홀은 이 세상을 향한 교회의 제자도를 언급한다. 십자가 신학 안에서 믿음은 곧 이 세상을 사랑하는 용기를 의미한다. 이것은 이 세상의 세속적인 가치관과 제도와 문화를 사랑하라는 뜻이 아니라, 크리스천으로서 하나님께서 창조하신 이 세계 안에서 그리고 이 세계를 위한 믿음안에서 우리가 가져야 할 책임을 강조하는 것이다. 우리가 참으로 예수님의 십자가 고통에 참여한다는 것은, 그것이 비록 우리에게 고통을 안겨다 줄지라도 이 세상에서 제자로서의 삶을 살아가는 것을 의미한다. 홀은 우리가 이 땅에서 살아가는 상황 속에서 믿음으로 하나님의 사랑과 정의를 실천해야 하는 중요성을 역설적으로 다음과 같이 말한다.

> 믿음이, 만일 진정 십자가 위에서 고통받으신 예수님의 모습 속에 나타난 하나님을 믿는 그 믿음이라면, 이 세상을 향한 여정이 되어야 한다. 이 말이 하나님과 하나님의 창조물, 신 중심주의와 세상 중심주의 등을 이해하는 데 혼란을 줄 수도 있다. 만일 그렇다면, 크리스

40 Hall, *The Cross in Our Context* (Minneapolis, MN: Fortress Press, 2003), p.31.

> 천인으로서 우리는 다음과 같은 답을 할 수 있어야 한다. 그와 같은 혼란은 바로 하나님 자신에게서 나온 것이다. 왜냐하면 하나님이 독생자 예수 그리스도를 우리에게 주신 것은 이 세상을 자신의 몸처럼 사랑하셨기 때문이다.[41]

또한 십자가의 고통에 참여하고 이 세상에서 제자도의 참 의미를 되새기며 살아가는 것은 십자가 안에서 희망을 발견하는 여정과도 같다. 이런 맥락에서 홀의 십자가 신학은 희망의 신학(theology of hope)이다. 이 세상에서의 영광과 권세와 축복과 번영 속에서가 아니라 십자가에서 보여주신 예수 그리스도의 고통 가운데 희망을 발견하고자 하는 홀의 희망의 십자가 신학은 모든 목회상담가들과 상처로 인해 아파하는 모든 내담자들에게 커다란 위안과 도전이 된다. 앞에서도 말했듯이, 십자가 신학은 이 세상에 현존하는 개인적인 아픔과 절망들을 포함하는 고통을 아무 의미 없는 것처럼 가볍게 취급하지 않는다. 십자가 신학에서 크리스천이 가지는 희망은 그저 인간의 논리를 사용해서 긍정적이고, 즐겁게, 희망적으로 사고하는, 즉 긍정적인 사고방식을 강조하는 긍정주의(optimism)에서 출발하지 않는다.

오히려 그것은, 죽음과 어둠의 권세로부터 예수 그리스도를 다시 살리신 하나님의 은총이며, 외관상으로는 아무 희망이 없어 보이는 것들로부터 우리의 관심을 돌려버리는 것이 아니라 정직하게 대면하며 하나님의 창조의 질서를 이 땅 위에서 실현시키는 것이

41 위의 책, p.55.

다. 바로 그것이 십자가 신학 안에서 우리가 가질 수 있는 희망이다. 홀은 "만일 인간들이 이 세상에서 뭔가 잘못되어 가고 있는 것들에 적극적으로 대면할 용기를 가질 수 없다면, 그들은 절대로 잘못된 것을 바로잡을 수 없다. 크리스천이 품는 희망은 그것들에 직접 관여하는 것이며, 참여하는 것이며, 동시에 행동하는 것이다! 이것이 바로 우리가 살아가고 있는 이 세상을 위해서 책임감 있는 존재가 되는 것이다"[42]라고 말한다. 홀의 십자가 신학과 인간 고통에 대한 이해는 우리가 하나님, 인간, 세상과 예수 그리스도의 십자가를 목회신학과 상담의 차원으로 접근하는 데 매우 중요한 신학적인 이론의 틀을 제공한다. 다음으로는 바울의 십자가 신학에 대해서 알아보도록 하자.

바울의 십자가 신학

바울의 신학을 한마디로 요약하면 '십자가 신학' 이다. 로마서의 주제가 '이신칭의,' 즉 인간은 오직 믿음으로 말미암아 의롭다 여김을 받는다는 것인데, 그 믿음의 핵심은 오직 하나님의 은혜로 말미암아 예수 그리스도께서 이루신 십자가의 구원의 도이다. 홀이 영광의 신학을 누리기 전에 십자가의 신학을 강조한 것은, 십자가의 고난과 고통이 없는 영광은 너무도 자기 중심적이며 이기적인 인간들의 욕심의 반영일 뿐임을 직시하고 있었던 것이다. 실제로 예수 그리스도의 삶과 그가 짊어지신 십자가를 보면 도무지 세속적

42 Hall, 앞의 책, 2006, p.251.

인 의미의 영광이라고는 찾아볼 수 없는 고난과 배반과 멸시와 인내의 삶이었다. 자신이 짊어져야 할 그 짐의 무게를 알았을 뿐더러 힘들어했음에도 불구하고(겟세마네 기도, 마 26:36-46; 막 14:32-42; 감람산기도, 눅 22:39-46), 그는 기꺼이 이 세상 죄를 지고 가는 어린 양(마 8:17; 요 1:29)이 되셨던 것이다.

바울은 자기 안에 예수 그리스도께서 사신다고 고백할 정도로 예수 그리스도의 십자가 신앙을 굳게 믿고 지킨 사도였으며, 믿음은 다름아닌 예수 그리스도의 십자가를 믿는 것으로 정의하고 있다.

> "내가 그리스도와 함께 십자가에 못 박혔나니 그런즉 이제는 내가 사는 것이 아니요 오직 내 안에 그리스도께서 사시는 것이라 이제 내가 육체 가운데 사는 것은 나를 사랑하사 나를 위하여 자기 자신을 버리신 하나님의 아들을 믿는 믿음 안에서 사는 것이라"(갈 2:21).

또한 바울은 "내가 너희 중에서 예수 그리스도와 그가 십자가에 못 박히신 것 외에는 아무것도 알지 아니하기로 작정하였음이라"(고전 2:2)라고 말하며, 하나님을 증거할 때 사람의 말과 지혜와 아름다운 것으로 하지 않고, 예수 그리스도의 십자가의 능력으로 하기를 원했다. 찰스 쿠저(Charles Cousar)는 오늘날 이 세상 문화의 가치관과 이성주의에 둘러싸여 정체성의 위기를 놓고 고민하는 현대 교회를 위해 바울의 십자가 신학은 중요한 실마리를 풀 수 있는 단서를 제공한다고 말한다. 그는 "바울의 인식론은 십자가의 메시지에서부터 출발한다. 어떤 사람들에게는 공격적으로 또 다른 사람에게는 너무 단순하여 어리석게 들릴지 모르겠지만 바울은 인간의 지혜를 논박하고 하나님의 지혜와 힘을 따랐다"[43]고 말하고 있다. 바울의 십자가 신학은 그의 서신 전체를 통해서 잘 나타나 있지만, 그 중 몇 가지를 선택하여 더 다루어보고자 한다.

역설적 자아(Paradoxical Self): 약할 때 곧 강함이라

우리가 개인적으로 예수님의 십자가를 믿고 받아들이는 것은 무엇을 의미하는 것일까? 바울은 사도로서 부르심을 받은 후 끊임없이 대내외적 도전과 협박과 위협에 직면하게 되었다. 즉 초대 교회 공동체 안에서 그의 사도로서의 위치와 자격에 대해 의심을 품은 사람들이 많았다. 그래서 그는 자신이 보낸 서신의 첫머리마다 강력하게 하나님으로부터 부르심을 받은 사도직을 변호하는 것으로 시작한다(롬 1:1; 고전 1:1; 갈 1:1; 엡 1:1). 또한 복음을 전파하면서 온갖 육체적인 고통과 그리스도의 도를 전한다는 이유로 유대인들에게 계속적인 핍박을 당한다(고전 11:23-27; 갈 6:17; 행 17:13-15, 23:12-15).

이뿐만 아니라 바울은 자신의 질병 때문에 고생하며 하나님께 고쳐 주시기를 간절히 기도했으나 그의 뜻대로 이루어지지 않았다. 그러나 그는 하나님께 불평하기보다 자신의 질병을 안고 살아가며 하나님의 사도로서의 직무를 다했던 진정한 하나님의 사람이었다(고후 12:1-10). 이 모든 환난과 고통과 절망 속에서도 그는 더 건강한 자아를 형성할 수 있었는데, 그것은 바로 내가 곧 약할 때 곧 강함이라고 하는 '역설적 자아'(paradoxical self)상이다. 고린도후서에

43 Charles Cousar, *A Theology of the Cross* (Minneapolis, MN: Fortress Press, 1990), p.179.

서 우리는 그의 '역설적 자아' 를 볼 수 있다.

> "내가 이런 사람을 위하여 자랑하겠으나 나를 위하여는 약한 것들 외에 자랑하지 아니하리라"(고후 12:5).

> "나에게 이르시기를 내 은혜가 네게 족하도다 이는 네 능력이 약한 데서 온전하여짐이라 하신지라 그러므로 도리어 크게 기뻐함으로 나의 여러 약한 것들에 대하여 자랑하리니 이는 그리스도의 능력이 내게 머물게 하려 함이라 그러므로 내가 그리스도를 위하여 약한 것들과 능욕과 궁핍과 박해와 곤고를 기뻐하노니 이는 내가 약한 그때에 강함이라"(고후 12:9-10).

위에서 볼 수 있는 바울의 역설적 자아는 우리가 이 세상에서 당하는 환난과 고통과 상처를 경험할 때 기억해야 하는, 믿음 안에서 가져야 할 건강한 자아상이다. 바울은 자신의 약함을 억지로 강압적으로 받아들이기보다 도리어 자신의 연약함을 자랑하며 기쁨으로 받아들인다고 고백하고 있다. 3장에서 융의 정신분석학으로 로마서 7장에 나오는 바울의 '갈등하며 고통받는 자아' (struggling and suffering self)를 분석한 바 있다. 비록 융의 심리학으로 보면 바울은 인간의 가장 성숙한 단계인 자기화 혹은 개성화(individuation)에 이르지 못한 것으로 볼 수 있다. 그러나 그의 '갈등하며 고통받는 자아' 를 영적인 신앙의 눈으로 해석한다면 '역설적 자아' 로 볼 수 있을 것이다. 바울은 자기 스스로가 '곤고한 사람' 이라고 표현하며, 예수 그리스도로 말미암아 하나님께 감사한다고 말한다. 그는 자신 안에 있는 두 자아를 역설적이며 영적으로 분석함으로써, 자신의 육체 안에 있지만 스스로는 이길 수 없는 율법과 죄의 무게를 깨달으며 예수 그리스도의 생명의 법만이 자신의 갈등하며 고통받는 자아를 온전하게 해방시킬 수 있음을 고백하고 있는 것이다(롬 8:1-2).

한편, 바울의 '역설적 자아'는 우리가 살펴본 십자가 신학과 밀접한 관련이 있다. 육신을 가지고 있는 인간들에게 죄로 말미암은 고통은 '항상' 그리고 '여기에' 존재한다는 것이며, 우리가 연약함 가운데 겪는 고통 가운데 하나님도 함께 고통당하시며 아파하신다는 것이다. 내가 이 세상 속에서 강하고 성공할 때, 나 자신이 이 세상 속에서 번영할 때 하나님의 축복과 능력을 경험하게 되는 것이 믿음의 전부가 아니라는 사실을 깊이 인식하며, 비록 내가 약하고 고통당하지만 그 가운데 역사하시는 하나님의 능력을 믿으며, 그의 은혜 안에서 내가 강해지는 것이다. 하나님의 존재와 능력이 나의 고통과 절망 속에서 선명하게 드러난다는 사실을 믿을 때 우리는 십자가의 고통과 부활의 영광을 모두 경험하게 될 것이다.

예수님께서는 이 사실을 분명히 인식하고 계셨다. 십자가를 지시기까지의 모든 과정을 살펴보면, 예수님은 자신의 고통과 희생을 통해서만이 하나님께서 영광 받으실 수 있다는 것을 깊이 알고 계셨으며(마 16:21-23), 그러기에 기꺼이 십자가의 길을 가실 수 있었다. 그래서 자신을 체포하러 온 로마 군정들에게 폭력과 힘을 행사하지 않으셨으며(눅 22:49-53; 요 18:10-11), 대제사장들의 심문 앞에서 소리쳐 부르짖으며 재판의 부당함을 항변하지 않고 침묵하신 이유가 바로 여기에 있다(마 26:62-63; 막 14:60-61; 눅 23:9). 예수님은 세상적인 힘과 권세가 아닌, 자신의 약함과 희생이 이 세상을 구원할 힘이 된다는 사실을 자각하셨던 것이다.

"내가 약한 그때에 강함이라"고 말하며 예수 그리스도의 능력의 임재를 원했던 바울의 위대한 고백은 "다 이루었다"고 예수 그리스도께서 십자가 위에서 고백하셨던 말과 겹치면서 현대를 살아가고 있는 크리스천들에게 큰 도전을 주고 있다. 현대 기독교는 과연 누구의 능력으로 무엇을 이루려고 하는 것일까. 중세 교회의 세속화한 능력과 부귀와 권세와 자만심을 꿰뚫어보았던 루터가 예수님의 고난과 십자가에 대한 깊은 신학적인 성찰을 통해서 설파했던 십자가 신학은, 안일함과 교회당 위에 세워 놓은 능력의 십자가를 자랑하는 현대 교회를 향해 기독교와 교회와 크리스천의 정체성에 대해 분명한 길을 제시하고 있다. 쿠저는 십자가 신학의 가장 중요한 역할을 언급하면서 위에서 바울이 말한 '힘'에 대한 역설적인 해석이야말로 교회와 기독교의 정체성을 확실하게 보여주는 것이라고 강조한다. 현대사회문화의 영향 속에 교회는 '힘'을 억압, 통제, 위압과 규제와 연관지어서 생각하기 쉬운데, 하나님은 힘없는 자를 택하여 힘 있는 자들을 부끄럽게 하시는 한편, 하나님의 힘은 연약한 사람들의 약함 속에서 잘 드러난다고 말한다.

이런 의미에서 이 땅 위에 사는 크리스천들이 경험하는 모든 고통과 고난이 전부 실패요 좌절만을 의미하는 것은 아니다. 오히려 고난과 고통을 통하여 예수 그리스도의 십자가를 통하여 드러내신 하나님의 사랑과 정의로운 힘을 경험할 수 있기에, 그것은 믿는 이에게 이 세상을 소망 가운데 살아갈 수 있는 중요한 원동력이 되며, 사망과 모든 권세를 이겨 내신 예수 그리스도의 부활이 갖는 진정한 의미라고 할 수 있다. 십자가 신학과 신앙은 이 땅 위에서 고통당하고 절규하며 아파하는 이들에게 여전히 예수 그리스도의 십자가는 '희망'과 '치유'의 길이 될 수 있음을 보여주고 있다. 마이클 고만(Michael Gorman)은 바울의 희망과 치유의 개념을 '십자가 형상을 가진 희망'이라고 부른다.

바울이 고통과 고난을 강조한 것은 그가 새디스트(sadist)나 매조히스트(masochist)이기 때문이 아니라 고난의 의미를 영적으로 잘 이해했기 때문이라고 말한다. 바울에게 있어서 고난과 고통은 그의 서신들에 나타난 모든 이야기의 중심요소로서 항상 희망과 밀접하게 연결되어 있으며, 이러한 연결은 결국 십자가에 달려 돌아가신 예수 그리스도의 부활과 통한다고 역설한다. 고만은 "바울에게 희망은 성경에서 보여주는 정반대되는 하나님께서 행하신 거룩한 행동(divine actions)에 근거를 둔다. 우리가 가장 잘 그리고 확실하게 알고 있는 것을 예로 들면, 예수님께서 경험하신 십자가에서의 죽으심과 부활 그리고 멸시와 조롱과 부활 가운데 받으신 영광 등이다. 이렇게 볼 때 희망은 본래적으로 십자가의 형상을 띤다"고 말한다.44

십자가와 신앙공동체

바울의 십자가 신학은 개인적인 신앙고백뿐 아니라 공동체적이

44 Michael Gorman, *Cruciformity: Paul's Narrative Spirituality of the Cross* (Grand Rapids, MI & Cambridge, U.K.: William B. Eerdmans Publishing Company, 2001), p.347.

다. 그의 모든 서신 또한 한 개인이 아니라 초대 교회 공동체를 대상으로 썼다. 그의 십자가 신학과 신앙이 공동체적이라고 할 때 두 가지 의미를 갖는다. 우선은 바울 스스로가 공동체 안에서 자신의 개인적인 힘을 부정하고 신앙공동체 앞에 내려놓음으로 말미암아 예수 그리스도의 십자가를 높였다는 것이며, 둘째는 예수 그리스도의 십자가가 갖는 의와 화평의 의미를 강조하며 신앙공동체 안에서 발생하는 분열과 갈등과 차별을 막으려고 했다는 것이다.

먼저, 바울은 고린도 교회의 분쟁을 중재하는 과정에서 예수 그리스도의 이름과 그의 십자가를 강조하면서 공동체의 일치를 위하여 사도로서의 자신의 위치를 철저하게 십자가 앞에서 부인하였다. 그는, 신앙공동체의 분열은 예수 그리스도의 십자가의 참된 의미를 모르는 데서 나왔다고 믿었다.

> "그리스도께서 어찌 나뉘었느냐 바울이 너희를 위하여 십자가에 못 박혔으며 바울의 이름으로 너희가 세례를 받았느냐"(고전 1:13).

> "그리스도께서 나를 보내심은 세례를 베풀게 하려 하심이 아니요 오직 복음을 전하게 하려 하심이로되 말의 지혜로 하지 아니함은 그리스도의 십자가가 헛되지 않게 하려 함이라"(고전 1:17).

위의 두 구절에서 알 수 있듯이, 바울은 십자가의 공로가 아닌 그 어떤 개인의 의가 공동체 안에서 드러나는 것을 원치 않았다. 당시 고린도 교회 안에서의 분쟁의 주요 원인은 바울, 아볼로, 게바, 심지어 그리스도 가운데 누가 더 크며 누구에게 속하였느냐 하는 문제였다(고전 1:12). 이와 같은 다툼은 고린도 교인들이 아직 예수 그리스도의 십자가가 무엇을 의미하는지를 분명하게 깨닫지 못했음을 보여주는 사건이다. 이에 대해 바울은 자신이나 아볼로는 같은 동역자에 불과하고, 오직 그리스도께서 십자가에 못 박혔으며 그리스도의 이름으로만 세례를 받는다는 것을 분명히 강조했다.

한편, 바울은 예수 그리스도의 십자가 복음은 개인적인 구원뿐 아니라 십자가에 죽으심으로 말미암아 하나님과 인간 그리고 인간과 인간 사이에 화목이 이루어졌다고 말하고 있다(롬 3:19-26, 5:1-11; 고후 5:14-19). 이런 의미에서 십자가는 공동체적이다. 십자가를 통하여 우리가 얻는 유익은 개인적인 믿음의 고백을 초월하여, 그 믿음의 고백이 신앙공동체를 통하여 예수 그리스도의 십자가가 헛되지 않도록 합당한 삶을 살아가는 방법을 배우는 것이다. 따라서 위에서 살펴본 바울의 십자가 신학 역시 공동체적이다.

고만은 바울이 서신을 쓴 이유는, 단지 크리스천이 된 한 사람 한 사람의 회개를 촉구하기 위해서 뿐 아니라 복음을 받아들여 형성된 기독 공동체가 예수 그리스도의 십자가를 더 깊이 묵상하고 받아들이는 '십자가의 형상을 가진' (cruciform) 공동체가 되도록 권고하기 위함이었다고 주장한다.

고만은 "바울에게 있어 그리스도와 함께 죽는 경험은 강렬한 개인적인 체험이었지만 은밀하고 사적인 것은 결코 아니었다. 기본적으로, 십자가의 형상을 가진다는 것은 신앙공동체를 의미하며, 신앙공동체를 형성한다는 것은 또한 십자가의 형상을 가짐을 의미한다"[45]고 역설한다. 그는 또한 바울은 단지 개인을 구하기 위해서 보냄을 받은 것이 아니라, 당시의 사회문화적인 가치에 도전하는

'십자가의 형상을 가진' 믿음, 사랑, 힘과 희망을 가진 대안적인 공동체를 형성하기 위함이라고 말한다.

이런 맥락에서, 바울이 신앙공동체 안에 생기는 어려움과 문제들을 세상적인 방법이나 가치, 문화가 아니라 예수 그리스도의 십자가의 의미를 되새기며 해결하라고 권면한 것은 당연하다. 또한 율법과 할례로 인하여 육체의 소욕을 따르려는 시험을 당한 갈라디아 교회를 향해 바울은 "그리스도 예수의 사람들은 육체와 함께 그 정욕과 탐심을 십자가에 못 박았느니라"라고 말하면서 성령을 따라 행하라고 권면한다(갈 5:16-24). 다른 말로 표현하면, 신앙공동체인 교회는 예수 그리스도의 십자가의 도를 듣고, 배우고, 실천하는 장소라는 의미를 초월하여, 교회 그 자체가 예수 그리스도의 십자가의 도에 대한 살아 있는 주석이 되어야 한다고 볼 수 있다. 즉 교회는 예수 그리스도의 죽으심과 부활의 이야기로 살아가며, 삶 속에서 구체적으로 재현시키는 믿음의 공동체인 것이다. 이것을 한마디로 말하면, 교회는 하나님을 믿는 신앙과 사랑과 힘과 희망의 이야기가 살아 움직이는 신앙공동체인 것이다.

지금까지 살펴본 대로 십자가의 신학과 바울의 십자가 신학은 우리 삶에서 경험하는 고통을 부인하거나 저주하지 않는다. 고통 때문에 우리가 불행하거나 잘못되었다고 말하지 않는다. 오히려 그러한 고통 가운데서 함께하시는 하나님의 임재하심을 경험할 수 있어야 한다고 강조한다. 믿음의 공동체인 교회는 바로 고통당하는 공동체이며, 동시에 고통을 예수 그리스도의 십자가를 바라보는 믿

45 위의 책, p.366.

음으로 치유할 수 있는 하나님의 은혜가 임하는 공동체인 것이다.

십자가 목회신학과 목회상담

지금까지 홀의 십자가 신학과 바울의 십자가 신학과 신앙에 대해서 살펴보았다. 십자가 신학이 인간이 당하는 고통과 하나님을 믿는 신앙 안에서 발견할 수 있는 희망을 제시하고 있다는 점에서 목회상담 분야에 도전을 주고 있다. 그렇다면 보다 구체적으로 십자가 신학 혹은 십자가 신앙이 목회상담에 어떻게 적용될 수 있는지 독자들과 함께 나누어 보고자 한다.

폴링은 십자가에서 죽으신 예수님은 악(evil)에 대해서 끊임없이 저항(resist)하셨으며, 악의 권세 때문에 고통당하는 사람들을 절대로 포기하지 않으시는 하나님의 사랑과 힘과 정의를 십자가를 통해서 보여주셨다고 말하고 있다. 예수 그리스도의 십자가는 억압당하는 사람들과의 연합과 당시 정치적, 종교적 권력의 지배와 폭력에 당당히 맞섰던 예수님의 용기를 웅변적으로 나타내고 있는 것이다. 또한 예수 그리스도의 십자가로 말미암아 우리 자신이 소유하고 있는 힘과 특권을 보호하고, 우리가 경험하고 있는 아픔과 고통을 숨기려고 하는 거짓된 의식(false consciousness)에서 해방되어 하나님 형상의 가장 본질적인 모습을 거스르는 '악' 에 대한 저항을 실천할 수 있다고 강조한다. 폴링의 다음과 같은 설명은 십자가의 의미를 인간의 고통과 하나님의 정의와 사랑으로 잘 보여주고 있다.

> 예수님이 보여주신 예수님의 신실하심과 또한 하나님의 신실하심으

> 로 말미암아 우리는 힘들고 어려운 상황 속에서도 정의와 사랑을 위하여 과감하게 일어설 수 있는 용기를 갖게 된다. 십자가는 우리로 하여금 약하고 상처받기 쉬운 사람들과 함께 연합할 수 있는, 윤리적인 행동에 참여할 수 있는 힘을 부여한다. 따라서 십자가는 하나님의 본성을 드러내줌과 동시에 하나님을 믿는 사람들에게 힘을 준다.46

한편, 목회상담신학을 십자가 신학을 토대로 잘 분석한 미국의 목회신학자로는 앤도버 뉴턴 신학교(Andover Newton Theological School)에서 목회상담학을 가르치고 있는 샤론 손튼(Sharon Thornton)을 들 수 있다. 손튼은 그녀의 저서 《*Broken yet Beloved*》에서 예수 그리스도의 십자가가 복잡한 현대사회문화 속에서 인간이 경험하는 고통을 새로운 목회적인 관점을 가지고 분석하는 데 도움을 준다고 말하고 있다. 손튼은 개인주의적인, 치료 중심의 목회돌봄과 상담은 치유와 하나님의 형상을 따라 창조된 인간의 온전함과 사회정의를 통합적으로 다루지 못한다고 대면적 치료 모델의 한계를 지적한다. 그리고 인간의 고통을 억압과 불의 등 사회문화적, 정치, 역사적으로 다룰 수 있는 새로운 목회신학의 이론과 실천적 모델이 필요하다고 강조하고 있다. 이런 관점에서 그녀는 목회신학과 돌봄의 대안적인 모델로서 인간의 고통 속에서 함께하시는 하나님과 정의가 실현되며 희망을 발견하는 신앙공동체를 상징적으로 나타내고 있는 예수 그리스도의 십자가를 제시하고 있다. 그

46 Poling,"The Cross and Male Violence," in *Cross Examinations*, ed. Trelstad M. (Minneapolis, MN: Augsburg Fortress, 2006), p.60.

녀는 다음과 같이 말한다.

> 목회신학자의 역할 중에는 성서와 예식 속에서 그리고 믿음과 기쁨이 가득한 삶을 살아가는 신앙공동체 안에서 하나님이 어떻게 역사하시는지를 인식하는 것이 포함된다. 교회와 목회신학자들은 역사적인 상황 속에서 상처받은 절망 가운데 빠진 사람들을 찾아가 치유할 수 있다. 그러한 치유의 사역은 인간관계와 역사적인 현실에 대한 새로운 비전을 제시해 줌으로써 가능하다. 십자가의 정치적, 목회적 중요성을 기억하면서, 우리는 죽음의 권세들과 기꺼이 부딪혀 저항하려는 사람들과 함께 예수님의 부활의 능력을 경험할 수 있게 된다.[47]

한편, 손튼은 죄 없이 십자가에 달리신 예수님을 닮아가려는 신앙공동체가 실천해야 할 목회돌봄의 사명에 대해서 다음과 같이 여섯 가지를 강조하고 있다.

1. 듣기(listening): 듣기는 목회신학에 있어서 아주 중요한 위치를 차지하고 있다. 신앙공동체적인 십자가의 관점에서 듣기는 절대적인 존경을 가지고 상대방과 하나가 되고자 하는 것이다. 이것은 단순히 로저리안의 심리학에서 말하는 무조건적이고 긍정적인 의미의 듣기를 초월한다. 즉 절대적 존경을 가지고 듣는다는 것은 다른 사람들이 하나님의 형상을 따라 창조된 온전함을 되찾을 수 있도록 보다 적극적으로 즐거운 마음으로 헌신하는 것을 의미한다.

47 Sharon Thornton, *Broken yet Beloved: A Pastoral Theology of the Cross* (St. Louis, MO: Chalice Press, 2002), p.23.

2. **신뢰하기**(believing): 돌보는 공동체가 되기 위해서 타인을 신뢰한다는 것은, 타인의 아픔을 완전히 이해하지 못한다 할지라도 그들의 아픔의 울부짖음을 의심 없이 받아들이는 것이다. 남을 믿는 것은 그들과 깊은 신뢰라는 계약관계 속에서 헌신하는 것을 의미한다. 바로 그러한 순간에 우리는 타인과 친밀하고도 상호 의존할 수 있는 관계를 형성하게 되며, 그것은 곧 새로운 형태의 공동체적인 삶을 가능하게 한다.

3. **붙들기**(beholding): 타인의 아픔의 이야기를 듣고 믿은 후, 타인의 고통과 상실과 가슴 아픈 이야기가 우리 자신 안으로 들어와 함께 아파하고 울게 된다. 이러한 남의 아픔을 붙들 수 있는 것은 십자가의 관점에서의 목회신학이 지향하는 목회돌봄과 상담이다. 이러한 붙듬의 행위는 신학적으로, 목회상담적으로 거룩한 고요함의 순간이다. 또한 다른 사람의 아픔을 붙든다는 것은 앞에서 언급한 다른 사람의 삶에 대한 절대적인 존경을 의미하기도 한다.

4. **주체적으로 변호, 지지하기**(advocacy): 주체적인 변호 혹은 주체적인 지지는 고통받는 사람이 주체적으로 회복하려는 노력을 보일 때 그들과 함께 협력하는 것을 의미한다. 또한 이것은 고통받고 있는 사람들이 타인으로부터 격리된 채 혼자 남겨지지 않는 것을 뜻한다. 목회적인 변호는 개인적인 신앙적 행위보다는, 고통을 낳는 다양한 사회문화적, 정치적 환경을 진지하게 개혁하려는, 이른바 '해방적인 실천'(emancipator praxis)에 참여하는 공동체로서의 행위이다(solidarity). 따라서 타인의 아픔과 절망을 듣고 느끼고 아파하는 것에서 끝나는 것이 아니라, 고통과 절망 속에 빠진 사람들로 하여금 적극적으로 자신의 삶을 회복하고 잃어버리고 억눌렸

던 자신감을 되찾아 삶의 현장에서 희망으로 바꾸어 나가려는 구체적인 노력을 할 수 있도록 함께 노력하는 것을 의미한다.

5. **회복하기**(restoration): 여기서 회복은 공동체적인 삶 속에서 인간의 온전함을 다시 만들어갈 수 있는 가능성을 열어 준다는 점에서 일종의 '홈커밍'(homecoming)이라고 할 수 있다. 그러나 이것은 단지 상처로 인해 고통받은 사람에게 막연한 긍정적 사고방식을 주입시키는 것이 아니다. 진정한 의미의 홈커밍으로서의 회복은 오로지 모든 종류의 불의와 편견으로 무장된 이론에 대항하여 저항함으로써 가능하다.

6. **해석하기**(interpretation): 십자가 신학의 관점에서 행하는 목회신학에 있어 해석은 한 사람이 다른 사람을 해석하는 일방향적이 아니라 쌍방향적으로 이루어진다. 즉 상호의존적이다. 연대적인 공동체 안에서 우리는 모두 상처받기 쉽고 다른 사람의 눈에 의해 비치기 쉽지만, 거기에는 특정하게 해석하는 자와 해석을 당하는 자가 존재하지 않는다. 다른 말로 표현하면, 공동체에 속한 개개인은 모두 다른 사람의 경험을 이해하고 해석하는 데 한계를 가지고 있음을 인정하며, 서로가 서로의 경험을 이해하려는 노력을 계속해 나가야 할 절대적인 필요성을 인식하게 된다.

손튼의 십자가 목회신학이 십자가 신학을 목회신학과 상담에 적용시킴으로써 현대사회 문화에 적합한 목회신학과 상담의 이론과 실천을 새롭게 모색한 것은, 개인적인 심리 및 상담치료 위주의 목회돌봄과 상담의 한계를 극복한 모델로 평가받고 있다. 또한 3장과 4장에서 다루었던 신앙공동체적 컨텍스트 중심의 모델과도 맥을 같이 한다는 점에서 주목할 필요가 있다. 한편으로는 십자가의 의미를 교회에서 영적인 측면으로만 이해하려고 하는 한국 교회의 전통에 비추어 볼 때, 예수 그리스도의 십자가를 인간 고통과 관련지어 사회문화, 정치적인 차원에서 다룬 것은 어느 정도 급진적인 경향이 없지 않다. 그럼에도 불구하고, 우리가 인간의 고통을 보다 깊고 넓게 이해할 수 있도록 도와주며 십자가 신학을 통하여 신앙공동체 안에서 새로운 희망을 제시하고 있다는 점에서 한국 목회신학과 상담의 신학적 성찰에 기여하는 바가 분명히 있다고 믿는다.

그렇다면, 십자가 목회신학과 상담의 관점에서 목회돌봄과 상담의 역할을 어떻게 이해할 수 있을까. 미국의 목회신학과 돌봄과 상담학자들 사이에서 전통적으로 목회돌봄과 상담의 역할로 널리 인정받고 있는 기능으로는 치유(healing), 인도(guiding), 양육(nurturing), 지탱(sustaining), 화목 혹은 화해(reconciling)이며, 소수인종 출신의 목회신학자들이 후에 능력 부여(empowering), 자유함(liberating) 등의 기능을 추가했다. 이 중에서 능력 부여(empowering)와 자유함(liberating)의 기능은 십자가 목회신학과 상담이 강조하고 있는 기능이다. 나는 위와 같은 기능 외에 몇 가지를 더 추가하고자 한다. 그런데 우리가 목회신학과 돌봄과 상담의 기능과 역할을 말할 때 오해하지 말아야 할 것은, 목회돌봄이나 상담이 교회의 성장 등 다른 목적을 위한 도구로 잘못 인식되어서는 안 된다는 것이다. 이것은 목회자의 설교가 교인들이 듣기 좋은 말만 해서 좋은 설교로 인정받아 교회가 부흥하고 성장하는 기능적 도구로 전락해서는 안 되는 것과 같은 것이다. 여기서 기능 혹은 역할이라고 할 때는 목회돌봄과 상담의 본래적인 의미 혹은 사명

(vocation) 등으로 이해하기 바란다.

첫 번째로, 목회돌봄과 상담의 역할은 함께 우는 것이다(crying). 만일, 진정 예수 그리스도의 십자가 정신으로 상처받고 절망하며 괴로워하는 이를 돌보며 상담하고자 한다면 우리는 우는 자와 함께 울 줄 알아야 한다. 이것은 그저 단순하게 상담 효과의 극대화를 위한 '거짓 몸짓'(falsified gesture)이 아니다. 십자가 신학의 관점에서 운다는 것은 진정으로 내담자의 절망과 고통과 한숨을 듣고 만나며 느끼면서 상담자의 마음에서 우러나오는 '진실된 마음'(authentic heart)인 것이다. 목회돌봄과 상담이 일반적인 심리치료나 상담기술과 가장 다른 것이 있다면 바로 하나님께서 십자가에 달리신 예수님의 찢기신 살과 흘리신 피를 통하여 우리의 고통을 담당하시며 함께 우신다는 사실을 믿음으로 신뢰하는 것이다. 그러기에 목회나 영성 돌봄 혹은 상담이 진정 '목회'나 '영성' 돌봄이 되기 위해서는 일반 정신치료기법이나 상담기술 위주의 과학적이라 불리는 모델에 집착할 것이 아니라고 믿는다. 오히려 그러한 방법들을 사용하기는 하지만 기본적으로 인간 고통 속에 담긴 하나님의 마음을 품고, 신앙공동체를 통하여 고통을 낳는 개인적, 사회문화적, 정치윤리적인 부조리와 불의 그리고 억압적인 구조를 비판적으로 재해석하여 하나님의 형상으로 창조된 인간 안에 있는 온전함(wholeness)을 재발견하는 희망적인 과정이 바로 목회신학과 돌봄 그리고 상담이 지향해야 할 목표일 것이다.

바울은 신앙공동체 안에서 크리스천의 올바른 생활을 말하면서 "우는 자들과 함께 울라"(롬 12:15)고 말한다. 목회돌봄과 상담이 목회자만의 역할이 아니라 이제 교회를 비롯한 신앙공동체의 구성원이 주체가 되는 신앙공동체적 목회돌봄의 관점에서, 바울의 이 권유는 다름아닌 올바른 목회돌봄에 대해 말하고 있다고 해도 과히 틀린 말이 아닐 것이다. 그리고 그는 우는 자들과 함께 울 때 진정한 사랑의 공동체가 될 수 있다고 믿었다. 예수님 역시 당시 권위적이고 적대적이며 위선적인 유대 사회를 향하여 “비유하건대 아이들이 장터에 앉아 서로 불러 이르되 우리가 너희를 향하여 피리를 불어도 너희가 춤추지 않고 우리가 곡하여도 너희가 울지 아니하였다 함과 같도다”(눅 7:32)라고 말씀하시면서 당시 사람들의 이기적인 마음을 통렬히 비판하셨나.

울음은 약함의 표시가 아니다. 남의 고통을 보고 우는 것은 실패자의 모습이 결코 아니다. 예수님께서는 “애통하는 자는 복이 있다”(마 5:4)고 설파하셨으며, 죽은 나사로를 보고 많은 사람들이 울며 예수님을 탓하고 불평할 때조차 “심령에 비통히 여기시고 불쌍히 여기사”(요 11:33), “예수께서 눈물을 흘리시더라”(요 11:35)라고 요한복음 저자가 기록하고 있다. 그 어떤 치유의 은사나 돌봄의 행위도 ‘눈물 흘림’ 보다 더 예수님께서 십자가에서 보여주셨던 우주적인 사랑을 잘 나타내는 것은 없다. 예수님께서 말씀하신 ‘눈물 흘릴 줄 모르는 이 세대의 사람들’ 이 바로 오늘날 우리를 가리켜 하시는 말씀은 아닌지. 목회돌봄과 상담의 이론이나 기술 등은 발전했지만 진실된 마음이 담긴 ‘울음’ 이 상실한 시대는 아닌지 목회돌봄과 상담의 종사자들이 한 번 돌아보아야 하지 않을까 싶다.

나는 2003년 여름 CPE(Clinical Pastroal Experience)의 일환으로 조지아의 결혼 및 가족상담센터에서 원목으로 사역했다. 주요 업무는 호스피스(hospice)에 있는 환자와 그의 가정을 방문하는 것이었다. 간호사와 사회복지사와 한 팀을 이루어 하는 팀 사역이었다. 어느 날, 나의 슈퍼바이저가 개인면담시간에 이런 질문을 했다. "원목으로서 너의 가장 중요한 일이 무엇이라고 생각하는가? 성경책을 읽는 것? 찬송가를 불러주는 것?" 나는 잠시 망설였다. 그의 답은 이러했다. "원목으로서 너의 역할은 환자들을 치료하려고 노력하기보다 먼저 그의 삶 자체를, 그의 아픔 자체를 붙들고 이해하려고 해야 하는 것이다." 그의 답이 정답이 아닐 수 있다. 아니, 정답은 존재하지 않는다. 그러나 그의 대답이 좋은 점수를 받으려고 애쓰던 내게 충격을 주었다. 환자의 아픈 삶의 이야기를 함께 붙들고 우는 것, 상담자를 찾아온 내담자에게 이것보다 더 힘을 줄 수 있는 것이 있을까.

두 번째, 목회돌봄과 상담의 기능은 '저항'(resisting)이다. 저항의 기능이 한국적인 상황에서는 매우 낯선 용어일 것이다. 어떤 의미에서는 과격하게(radical) 들릴지도 모른다. 한국의 목회상담학자나 목회심리치료에 종사하는 분들은 거의 다 위에서 말한 역할(치료, 인도, 양육, 지탱, 회해)에 익숙할 것이다. 사실 저항은 최근 미국의 사회문화적, 정치역사적으로 소외되었던 그룹 출신(주로 흑인과 여성)과, 유럽계 백인이라 하더라도 목회신학과 돌봄의 사회문화적, 공공분야에서의 역할을 강조하는 목회상담 신학자들 사이에서 자주 다루는 기능이다. 나는 이 책에서 사용하는 저항을 다음과 같이 정의하고자 한다. 저항이란, ① 내담자 혹은 상처와 절망 속에서 고통받고 있는 사람이 심리적, 육체적, 영적인 고통스러움을 가져다주는 사회적, 문화적 그리고 정치적인 억압과 편견과 착취와 차별 등에 도전하는 것이다. ② 그러한 상황 속에서 자기 자신을 스스로 정의하며 자기의 삶의 주체가 될 수 있다는 '실존적 힘' (existential power)을 담대하게 주장하도록 돕는 것을 의미한다. 이런 의미에서 저항은 상담자와 내담자의 일대일 치료 위주의 상담심리학적인 모델이 아니라 신앙공동체적 컨텍스트 중심의 모델을 그 근간으로 삼고 있는 것이다.

비록 한국 사회가 미국처럼 다인종 사회는 아니지만, 갈수록 복잡하고 쉽사리 파악하기 어려운 일들이 많이 일어나고 있는 현실에 비추어 볼 때 '저항' 은 중요한 목회신학과 돌봄의 기능으로 떠오를 것이다. 예를 들면, 요즘 한국 사회에서 유행처럼 번지는 자살을 보자. 자살 원인의 유형을 살펴보면, 성적 폭력의 피해, 경제적인 문제, 가정불화, 자기가 속한 또래집단으로부터의 왕따 그리고 주위 사람으로부터의 편견과 몰이해에서 오는 심리적 공포와 억울함 등이다. 이러한 문제들은 개인적인 병리현상이라기보다는 모순되고 불합리하고 불의한, 사회문화적이고 집단적인 상황에서 기인한다고 볼 수 있다. 즉 상담자를 방문하는 내담자가 비록 정신적, 심리적인 스트레스와 병적 문제를 안고 있다 하더라도 그것이 타고날 때부터 발생했던 자연생리적인 문제가 아니라면, 상담자는 그를 치유하거나 양육하기 위해 심리상담기법을 사용함과 동시에 그의 아픔의 원인이 되는 삶 자체를 이해하고자 노력하는 것이 필요하다. 그 후 그로 하여금 자신의 상처와 아픔을 가져다주는 상황을 일부러 피하거나 태연한 척하는 것이 아니라 스스로 사회문화의 그릇되고 비인간화된 구조를 비판적으로 인식하고 저항하는 한편, 자신 안에 들어 있는 온전함을 발견하여 스스로 삶의 주체가 될 수 있도록 격려하는 것이다.

목회상담가로서 먼저 내담자나 환자의 삶 속에서 살아나는 모든 컨텍스트를 먼저 이해하고 함께하지 않는 한, 그가 하는 행위들은 다만 직업인으로서 하는 의식에 불과할지도 모른다. 마찬가지로 내담자로 하여금 자신의 삶을 솔직하게 붙들고 비판적이고 창조적으로 재해석할 수 있도록 돕는 것은 단기적인 심리상담 치료 못지않게 매우 중요하리라 믿는다. 내담자가 고통과 절망스러운 컨텍스트를 저항한 후에 필요한 단계는 바로 변혁(transforming)이다.

마지막으로 십자가 신학의 관점에서 본 목회돌봄과 상담의 역할은 변혁이다. 예수 그리스도의 십자가가 우리에게 주는 가장 큰 유익은 무엇일까? 하나는 죄로 인해 단절되었던 하나님과 인간 사이의 화해이고, 또 다른 하나는 십자가에 죽으심으로 말미암은 죄와 사망을 정복하신, 인간과 세계와 모든 만물들의 완전히 새로운 변혁이다. 그것은 단순히 겉모습이 바뀌는 것이 아니라(change), 완전한 내적인 실체의 변혁인 것이다(transform). 예수 그리스도의 십자가의 죽으심과 부활을 통하여 우리 인간들은 새 땅과 새 하늘에 대한 영원한 소망을 갖게 되었다. 예수 그리스도의 죽으심과 부활 이후 그의 제자들과 신앙공동체에 가장 크게 달라진 것은 바로 자신들이 한 행위에 대한 후회(regret)가 아니었다. 마가의 다락방에 모였던 제자들에게 예수님은 성령을 보내 주셔서 그들을 완전히 다른 능력과 내적인 변혁을 경험한 예수 그리스도의 제자로 삼아 주셨던 것이다. 그것은 변혁이다.

십자가 목회신학과 돌봄과 상담에 있어서 변혁은 상처받은 내담자가 자신에게 아픔과 절망을 가져다준 사람이나 사회와 문화구조에 저항할 뿐더러 그러한 모순된 상황을 생산적이고 긍정적인 방향으로 바꾸어가는 데 참여하도록 하는 데 주 목적이 있다. 이런 맥락에서, 나는 변혁을 다음과 같이 정의한다. ① 사회문화와 정치종교적으로 억압적이고 폭력적인 규범과 가치 등을 비판적으로 재해석하며, ② 그러한 모든 죄악된 환경들을 돌보며 자유케 하는 실천적인 활동에 지속적이고 적극적으로 참여하는 것을 의미한다.

한편, 상처받은 이의 변혁은 신앙공동체를 통해서 이루어진다. 십자가의 사랑과 정의는 단지 목회자나 상담가의 개인적인 활동으로 다 이루어지지는 않는다. 또한 내담자 개인의 내적인 심리 상태를 분석하고 치료한다고 해도, 그가 받은 상처와 절망을 낳는 사회문화적인 구조가 여전히 존재하는 한 계속적으로 고통에 시달릴 것이다. 손튼은 "사람들이 받는 고통은 그가 속한 공동체와 분리되어 발생하지 않는다. 즉 공동체 안에서, 다양한 관계 속에서 고통을 당하는 것이다. 심지어는 사람들이 특정한 공동체로부터 소외당하고 있을 때에도, 그들이 멀어지는 것은 개개인이 아니라 바로 공동체로부터이다. 십자가는 공동체에 속한 사람들 가운데 발견되는 상함 혹은 깨어진 마음의 고통의 깊이를 우리에게 잘 보여준다"48 라고 말한다.

이런 의미에서 신앙공동체는 상처받고 절망 가운데 신음하는 개인들이 회복을 통하여 삶의 희망을 되찾을 수 있는 장소가 되어야 한다. 그러한 회복의 장소가 되기 위해서 교회를 비롯한 신앙공동체는 고난받는 사람들에게 하나님의 사랑을 알게 하는 한편, 개개인의 절망과 고통의 근원이 되는 악하고 불의한 사회구조와 환경의

48 Thornton, 위의 책, pp.127-128.

변혁을 위해 더 관심을 기울여야 한다. 다시 말하면, 교회와 목회돌봄과 상담기관들은 하나님의 복음을 통한 치유와 함께 사회의 변혁을 위해 상처받고 고통받는 자와 함께 일해야 한다. 이것을 하나님이 그토록 사랑하셨던 이 세상 안에서 가져야 할 '거룩한 소명' 이라고 부를 수 있을 것이다. 이런 의미에서 고통과 공동체적 연대(solidarity)의 관계를 표현한 손튼의 말은 우리에게 의미심장하게 들린다.

고통을 말할 때 핵심은 언제나 온전함, 회복된 관계 그리고 치유받은 세상 등에 대한 비전이다. 십자가상에서 고통받았던 예수 그리스도의 역사적인 상처를 껴안는다는 점에서 공동체적 연대는 목회돌봄을 실천하는 가장 기본적인 방법이다. 이것은 다른 목회 훈련을 위한 기초를 제공한다. 공동체적 연대의 목적은 고통받고 있는 사람들이 분명히 드러나며, 그 고통의 원인이 알려져 제거되는 정의로운 환경을 만드는 것이다.[49]

요약

이 장에서 바울 신학의 핵심이라고 할 수 있는 십자가 신학이 목회신학과 돌봄과 상담에 어떤 신학적인 분석의 틀을 제공할 수 있는지에 대해서 고찰해 보았다. 이 땅에서 우리가 늘 번영과 성공만을 경험하는 것이 아니라 그 이상으로 많은 경우 실패와 아픔과 좌절을 맛보곤 한다. 특별히 많은 크리스천들은 삶 속에서 겪는 고통

49 Trornton, 앞의 책, p.139.

과 절망을 통하여 하나님께 분노하며, 하나님께 버림받은 것과 같은 감정을 느끼게 된다. 우리가 살펴본 십자가 신학과 십자가 목회신학과 돌봄과 상담은 우리가 고통 속에서 어떤 의미를 발견할 수 있는지에 대한 질문에 대한 답을 찾는 데 귀한 나침반 역할을 한다.

십자가의 신학은, 임마누엘의 하나님은 십자가 위에서 고통 가운데 계셨던 예수 그리스도와 함께 계셨으며, 고통당하시는 하나님께서 우리의 고통과 아픔 속에 함께하신다고 역설한다. 우리가 진정 임마누엘의 하나님을 믿는다면 우리와 함께 고통당하시는 하나님도 받아들일 수 있게 된다. 십자가 신학이 우리의 아픔을 단기적으로 치유하는 데 도움을 줄 수 없을지도 모른다. 그러나 궁극적인 목회신학과 돌봄과 상담의 목적이 내담자로 하여금 삶의 희망을 갖도록 도와주는 한편, 상처받고 고통받는 인간과 하나님과의 관계의 회복이라면 십자가 신학은 우리에게 큰 힘과 위로를 가져다준다.

제7장 바울의 목회상담신학적인 관점에서 재발견된 목회돌봄과 상담의 의미

지금까지 미국의 목회상담 신학계의 최근 동향인 신앙공동체적 컨텍스트 중심의 목회돌봄 패러다임을 바울의 신학과 연관지어서 살펴보았다. 그렇다면 우리가 지금까지 살펴본 신앙공동체적 컨텍스트 중심의 모델에서 바울의 목회신학이 우리에게 제시하는 목회적 돌봄과 상담은 과연 무엇인지 알아보기로 하자. 이를 위하여 바울이 로마서 12장에서 강조한, 하나님의 뜻을 분별하는 가운데 행하는 크리스천의 새 생활을 기초로 하여 목회돌봄과 상담의 의미에 대해서 고찰하고자 한다. 바울은 크리스천의 새 생활을 다음과 같이 말한다.

> "너희를 박해하는 자를 축복하라 축복하고 저주하지 말라 즐거워하는 자들과 함께 즐거워하고 우는 자들과 함께 울라 서로 마음을 같이

하며 높은 데 마음을 두지 말고 도리어 낮은 데 처하며 스스로 지혜 있는 체하지 말라 아무에게도 악을 악으로 갚지 말고 모든 사람 앞에서 선한 일을 도모하라 할 수 있거든 너희로서는 모든 사람과 더불어 화목하라 내 사랑하는 자들아 너희가 친히 원수를 갚지 말고 하나님의 진노하심에 맡기라 기록되었으되 원수 갚는 것이 내게 있으니 내가 갚으리라고 주께서 말씀하시니라 네 원수가 주리거든 먹이고 목마르거든 마시게 하라 그리함으로 네가 숯불을 그 머리에 쌓아 놓으리라 악에게 지지 말고 선으로 악을 이기라"(롬 12:14-21).

1. 목회돌봄과 상담은 역설적(paradoxical)이며, 변혁적인 (transformative) 삶의 이야기를 지향한다. 14절과 20절에서 바울은 박해하는 자를 축복하고, 원수가 주리면 음식을 주고, 목말라 하면 물을 주라고 한다. 목회돌봄과 상담은 우리가 상식적이며 논리적으로 이해하여 대처하는 수준을 뛰어넘어야 한다. 다른 말로 하자면, 심리적 이론과 정신치료요법 등 과학적인 이론과 실천이 적용할 수 없는 상황에서도 희망과 치유를 경험할 수 있어야 한다는 말이다. 이것은 정신심리치료가 필요없다는 뜻이 아니라 그러한 치료와 아울러 우리가 겪는 고통과 절망을 바라보는 우리의 관점이 바뀌어야 한다는 것이다. 박해하는 자를 어떻게 축복할 수 있는가. 일반적인 세상문화와 규범은 나에게 상처와 고통을 준 원수가 배고파하면 그 앞에서 먹고 마시라고 한다. 그것이 당연한 보복이요 보상이다. 그러나 바울은 원수가 주리고 목마르거든 먹이고 마시게 하라고 한다.

말도 안 된다. 절대로 그럴 수 없을지도 모른다. 그러나 기독교 신앙은 역설적이다.

그리고 근본적인 변혁을 희망한다. 예수 그리스도께서 십자가상에서 우리에게 보여주신 것이 있다면 불의를 정의로, 심판을 용서로 바꾸기 위한 예수님의 역설적인 침묵이었다. "왜 아무 말도 하지 않느냐"는 빌라도의 다그침 속에서도 예수님은 말씀하지 않으셨다. "내가 너를 살릴 권한이 있음을 모르느냐?"라는 질문 속에서도 예수님은 목숨을 구걸하지 않으셨다. 자신이 죽어야 온 인류가 산다는 그 놀라운 '죽음 속에 있는 생명의 탄생'의 역설을 그는 잘 알고 있었다. 진정, 우리 교회가 필요한 것은 바로 이 역설적이며 변혁적인 삶의 태도를 실천하는 것이다. 세상이 돈 없는 자, 권력 없는 자들을 핍박하고, 냉대하고, 억압한다면, 교회는 세상에서 절망하는 자들과 소외당한 자들을 껴안을 수 있어야 한다. 세상이 돈과 권력을 사랑하고 자기 과시와 자기 인정을 즐긴다면, 교회는 '자기 비움'과 '자기 부정'의 신앙공동체가 되어야 한다. 바로 그런 변혁이 믿음 안에서 일어날 때 교회는 돌봄의 공동체가 될 수 있을 것이다. 또한 목회돌봄자나 상담가가 내담자와 함께 그의 고통과 절망의 이야기 속에서 역설적이고 변혁적인 삶을 향한 이야기를 믿음 안에서 나눌 때, 아픔과 슬픔을 기쁨과 희망으로 바꾸시는 하나님의 사랑과 정의를 볼 수 있으리라 믿는다.

2. 마음을 같이하는 목회돌봄과 상담. 여기서 말하는 마음을 같이한다는 것은 단지 신앙공동체 안에서 각 구성원끼리 마음을 하나로 모으는 것 이상을 의미한다. 즉 어느 이슈에 대해서 구성원들간에 반대 의견 없이 모두 하나 됨을 의미하는 것 이상의 의미가 있음을 주의할 필요가 있다. 바울은 16절에서 "마음을 같이하며"라고

말한 후 마음을 높은 데 두지 말고 낮은 데 두라고 권고하며, 지혜 있는 체하지 말라고 말한다. 바울이 마음을 같이하라고 말할 때, 그는 우리가 앞장에서 다루었던 힘(power)과 사회적 위치(social locations)를 염두에 두고 있는 듯하다.

힘과 사회적 위치는, 신앙공동체가 돌봄과 상담의 역할을 할 때 실질적으로 자주 부딪치는 현실적인 문제이다. 교회가 서로를 돌보아주는 역할을 잘하지 못하는 이유는 바로 같은 하나님을 믿는 신앙공동체임에도 불구하고 여전히 세속적인 가치관과 문화가 교회 안에 깊숙이 자리잡고 있기 때문이다. 즉 여전히 힘을 파괴적이고, 폭력적이며, 억압적으로 사용하려는 경향이 교회 안에서 존재하기 때문이다. 이런 의미에서 교회 안에 속한 교인 한 사람 한 사람이 자신이 다른 사람들에 비해 소유하고 있는 특권(privilege)에 대해 비판적으로 인식하는 것이 반드시 필요하다. 이 과정 없이 서로 마음을 같이하는 것은 형식적으로 형제, 자매라고 부르는 것과 같다.

이런 의미에서 목회돌봄자나 상담자가 내담자와 마음을 같이하는 것은 매우 중요하다. 너무나 자주 목회돌봄자나 상담 제공자 스스로가 내담자에 비해 보이지 않는 특권이나 우월감을 느끼도록 유혹받기가 쉽다. 그러나 그럴 경우, 내담자가 자신의 상처와 고통을 주저 없이 이야기할 수 없을 뿐더러 상담자에 대한 신뢰도도 낮을 수밖에 없기에 원만한 돌봄과 상담이 이루어지기를 기대하기는 힘들 것이다. 따라서 목회돌봄 제공자나 상담자는 내담자의 모든 것을 다 알고 있다는 자세를 취하기보다 내담자의 고통받는 마음과 영적인 아픔을 함께 나누는 마음이 필요함을 다시 한 번 강조하고 싶다.

3. 적극적인 사랑의 실천과 화목으로서의 목회돌봄과 상담. 신앙공동체에 속한 각 구성원들이 자신들이 속해 있는 사회문화적, 정치경제적 위치에서 얻는 힘과 그에 따른 특권을 비판적으로 인식하여 마음을 같이한 후 필요한 것이 있는데, 그것은 바로 적극적인 사랑의 실천이다. 바울은 선한 일을 도모하라고 말하고 있다. 바울은 수동적으로 자신들에게 고통과 좌절과 아픔을 준 사람들에게 똑같이 '눈에는 눈, 이에는 이' 식으로 갚지 않는 것에서 그치지 않고 오히려 선한 일을 도모(롬 12:17)하라고 권유하는 한편, 선으로 악을 이기라고 강조한다(롬 12:21). 이것은 앞에서도 말했듯이 예수님의 십자가가 보여준 역설적인 사랑의 실천이라고 할 수 있을 것이다. 내가 대화하고 연구한 이중문화 여성들의 경우, 자신들의 공동체를 통하여 자신들이 경험한 사회로부터의 편견과 억압적인 시선을 극복하고, 선하고 정의로운 일을 실천함을 통해 평생 받아왔던 설움과 아픔들을 극복하는 모습을 보아왔다. 상처와 때로는 멸시를 받은 그들이 오히려 이 세상을 향해 하나님의 사랑과 정의를 나타내는 것은 바로 선으로 악을 이기는 모습이라고 할 수 있다.

목회돌봄자나 상담가는 환자나 내담자의 마음과 정신과 영적인 상처를 치유하는 내면적인 회복과 함께, 어떻게 하면 치유 받은 내담자가 회복을 경험한 후 자신의 삶 속에서 타인들과 사회 앞에서 긍정적이고 선한 일을 행할 수 있는지, 계속적으로 격려하며 힘을 불어 주는 단계가 필요할 것이다. 자신 안에 억눌려 왔던 자신의 의지와 힘을 재발견하며 선한 일을 도모하는 것은, 결국 자신뿐만 아니라 이웃과 사회 그리고 더 나아가 자신을 창조한 하나님과의 화목을 의미한다. 따라서 화목(harmony)은 내담자가 목회돌봄이나 상담을 받는 과정중에 적극적으로 하나님의 사랑과 정의를 나타내는 활동에 참여함으로 얻게 되는 열매라고 이해하는 것이 타당하다.

4. 함께 고통받고 화내시는 하나님을 드러내는 목회돌봄과 상담. 목회돌봄과 상담은 교회를 돌봄의 공동체로 이루어가거나 내담자의 상처받은 마음을 치유하고 회복하는 것 이상으로 자신들이 경험하고 있는 상황과, 현실과 하나님이 어떤 관계가 있는지를 인식할 수 있도록 돕는 역할 또한 중요하다. 일반적인 정신심리치료나 상담과는 달리 적이도 목회돌봄과 상담의 과정에서 하나님이라는 존재가 빠져서는 성립이 안 되며 그 존재 가치를 상실하고 만 것이다. 비록 돌봄과 상담의 과정에서 일반 정신분석학이나 심리요법 혹은 상담기법을 사용할 수는 있어도, 목회돌봄과 상담의 궁극적인 목적과 관심과 접근방법은 일반적인 치료나 상담과는 근본적으로 다를 수밖에 없다.

일반적인 정신심리치료나 상담은 상담자와 내담자 간의 다양한 치료방법과 처치를 통해 내담자가 겪고 있는 정신적, 심리적인(때로는 영적인) 불안, 초조, 혹은 여러 형태의 이상(abnormal) 증상이나 행동 등을 치료하여 건전하고 건강한 마음과 육체를 유지하게 해주는 것을 목적으로 한다. 그에 반해, 목회돌봄이나 상담은 그러한 개인적인 차원의 건강을 비롯해서 내담자와 하나님과의 온전한 관계 형성이 필수불가결한 주제가 된다. 다른 말로 하면, 우리를 자기 형상으로 창조하신 하나님이 돌봄과 상담의 과정에 있어 중요한 역할을 차지한다는 말이다. 왜냐하면 목회돌봄이나 상담의 현장에서 많은 경우 내담자들은 자신들이 받은 고통과 절망 가운데 자기가 믿는 하나님의 존재와 역할에 대해서 회의와 의심을 품으며 질문하기 때문이다.

바울은, 상한 감정이나 고통을 해결한다고 자신이 당한 것과 같은 불의하고 악한 방법으로 상대방에게 갚지 말고 대신에 하나님의 진노하심에 맡기라고 강조한다. 여기서 우리가 기억해야 할 것은, 하나님께서는 우리의 고통 가운데 그리고 우리가 당하는 불의 가운데 침묵하시는 것처럼 보이지만, 사실 하나님께서는 화를 내는 하나님이시라는 것이다. 자신이 창조한 세계 안에 충만해야 할 사랑과 정의가 미움과 온갖 편견과 불의로 가득 차 있음을 보시고 공분(compassionate anger)하시는 것이다. 또한 자신의 형상대로 창조된 인간과 자연이 신음하고 고통받고 있음에 화를 내시면서 같이 고통받으시는 하나님이시다. 그러므로 목회돌봄과 상담의 현장에서 상처받은 신앙공동체와 내담자를 위로하시는 하나님의 만져 주심을, 그리고 함께 분노하시는 하나님의 마음을 경험한다는 것은 커다란 축복이며 은혜가 아닐 수 없다. 따라서 전문적인 목회돌봄 제공자나 상담자에 있어서 신학적 훈련은 반드시 필요한 과정이다. 전문적인 신학훈련이 반드시 영적인 경험을 이끌어낼 수는 없겠지만 적어도 우리 인간의 고통 속에 존재하는 하나님을 보다 깊이 있게 이해하고 접근하며 분석하기 위해서는 신앙 외에 학문적인 배양이 필요하다고 믿기 때문이다. 이런 맥락에서, 나는 심리학이나 상담학 이론과 실습과 더불어 그 이상으로 목회돌봄과 상담 전문가가 되는 과정으로 반드시 일정 수준의 신학과정과 목회훈련과정을 이수하기를 권고한다.

요약

이 장에서는 바울의 목회상담신학에 비추어 본 목회돌봄과 상담의 의미에 대해서 재해석해 보았다. 로마서 12장 14-21절은, 바울이 거듭난 크리스천이 살아가야 할 새로운 삶의 방향에 대해서 권면하는 말씀이다. 바울이 강조한 크리스천의 새 생활을 목회돌봄과 상담에 적용한다는 것이 좀 생소해 보일지도 모르겠다. 그러나 이 부분을 자세히 살펴보면 목회돌봄과 상담과 일맥상통하는 부분이 있는데, 그것은 비로 인간의 고통과 희망과 하나님의 사랑과 정의를 아울러 말하고 있다는 것이다. 즉 바울은 이 세상을 살아가노라면 때로는 아픔을 경험하고, 억울한 일도 당하고, 감정도 다치며, 악이 승리할 것 같은 고통을 경험하게 된다는 것을 전제로 하며 크리스천의 생활을 논하고 있다. 그러나 크리스천의 생활이 고통과 실패와 상처와 아픔으로 끝나는 것이 아니라 하나님의 사랑과 정의로 희망을 발견할 수 있다고 결론을 맺으며, 하나님의 선으로 악을 이기라고 말한다.

목회돌봄과 상담 역시 기본적으로 인간의 고통과 상처와 상실을 전제로 한다. 근본적으로, 고통 없는 기쁨이나 상처 없는 치유나 절망 없는 희망은 존재하지 않는다. 또한 목회돌봄과 상담이 궁극적으로 지향하는 것은 우리가 이 세상에서 경험하는 고통을 통하여 우리를 살피시고 돌보시는 한편, 생명을 주시는 하나님의 사랑과 정의의 힘을 만나는 것이다. 이렇게 볼 때, 로마서 12장 14-21절은 단지 인간 개인의 심리적인 치료뿐만 아니라 저항과 변혁을 향한 목회돌봄과 상담의 예언자적 역할을 함축적으로 내포한다 할 수 있다.

결론 저항과 변혁의 바울의 목회신학과 목회상담의 예언자적 기능

바울은 초대 교회를 향하여 끊임없이 예수 그리스도의 십자가를 헛되이하지 말라고 강변한다. 특별히 회심 후 바울은 자신이 그토록 핍박했던 예수 그리스도의 도를 오히려 자신이 속해 있던 공동체로부터 핍박을 받으면서까지 전하는 열정의 전도자로 변모했다. 그의 신학이 저항과 변혁이라면 바울의 삶 자체가 바로 변혁과 저항일 것이다. 다메섹에서 강력한 하나님의 부르심 가운데 변혁된 바울은 열광적으로 크리스천들을 핍박했던 자리에서 벗어나, 자신이 배웠고 자신의 조상들부터 지켜 내려온 유대교의 율법을 과감하게 배설물처럼 여기고, 오직 예수 그리스도의 십자가에 나타난 하나님의 의를 전파하는 사도가 된 것이다. 바울은 회심 후 변혁된 자신의 경험을 통하여 초대 신앙공동체에게 끊임없이 삶의 방식과 영적인 행위에 있어서 변혁해야 한다고 강조하고 있다. 즉 교회 안에서의 신앙생활은 윤리적이고 도덕적으로 모범된 삶을 살아가는 신앙인을 만드는 것이 아니라, 개인과 신앙공동체가 함께 이 세상의 악한 영들에 대하여 저항하고 내적이며 영적인 변혁(inner and spiritual transformation)을 경험하는 것이다. 그리고 그 변혁은 십자가에서 죽음과 어두움의 세력에 패배한 것 같았던 예수 그리스도께서 다시 살아나심으로 보여주신 변혁의 역사에서 절정을 이룬다. 한마디로 요약한다면, 바울의 변혁의 신학(theology of transformation)은 그의 목회적인 열정의 근간을 이루는 것이었다.

이 책은 이러한 바울의 신학과 목회와 삶을 현내 목회신학과 돌봄 그리고 상담학과 통합함으로써, 인간의 고통과 상처를 치유하며 절망 속에서 희망을 발견하여 하나님의 형상대로 창조된 인간이 이 땅 위에서 자유함을 누릴 수 있는 방안을 마련하고자 시도했다. 또한 바울 신학과 목회를 신앙공동체적 컨텍스트 중심의 목회상담과 돌봄적 관점에서 분석하면서 '치료 중심의' 목회돌봄과 상담 전통(therapeutic tradition)을 벗어난 예언자적 기능 (prophetic function)을 강조하고자 했다. 이스라엘의 악과 하나님에 대한 배신과 유다의 음란과 행악을 목격하며 하나님께 돌아와 의와 공의를 행하라고 외쳤던 구약 시대의 예언자들의 목소리는, 바로 당시 이스라엘과 유다의 개인적인 죄뿐만 아니라 당시 사회에 만연했던 정치경제적인 부패와 사회문화적, 윤리적인 타락과 하나님을 잊어버리고 온갖 우상을 섬겼던 영적인 어두움에 대한 경종의 소리이자 돌봄의 소리이고 저항의 외침이었다.

기본적으로 개인이 겪는 고통과 좌절과 절망은 개인적인 문제로 치부하기보다 가족, 이웃, 직장, 교회 등 개인을 둘러싼 공동체에서 발생한다고 보았을 때, 오늘날 목회신학과 돌봄과 상담은 위에서 말한 예언자적 기능을 충실히 실천해야 할 역사적인(historic) 거룩한(divine) 사명이 있음을 잊지 말아야 할 것이다. 교회가 목회돌봄과 상담을 행한다는 것은 바로 이러한 예언자적 기능을 감당한다는 것을 의미한다. 교회가 예언자적 기능을 감당한다는 것은 두 가지 의미를 가진다.

첫째로, 앞장에서도 언급했지만 세상 속에서 상처받고 절망하는 사람들이 교회에 와서 치유 받을 뿐만 아니라, 세상의 문화와 가치관과 편견에 저항하는 신앙공동체라는 인식을 가져야 하는 것이다. 사회적 지위나 경제적 소유, 그리고 인종적인 차이나 육체적인 장애 등을 초월하여 모두가 한 공동체를 이룰 수 있어야 한다. 교회 안에서도 여전히 낮은 사회적 지위를 가진 사람들이 좌절하고 절망하거나 경제적으로 부유한 자가 가난한 사람들보다 더 높은 위치에서 교회의 결정권을 쥐고 흔든다면, 교회는 돌봄의 공동체가 아니라 아픔과 차별을 경험하는 타락한 공동체가 되고 마는 것이다. 또 육신적으로 장애를 가졌다는 이유로 신앙공동체 안에서 편견과 따돌림의 대상이 된다면 교회는 다른 형태의 억압적이고 폭력적인 종교기관으로 전락하고 말 것이다.

예수님 스스로가 가난한 자들과 과부와 고아들을 돌보시며, 당시 사회에 만연했던 종교적인 위선에 저항자로서의 삶을 사신 분이라고 할 수 있다. 성경에서 묘사된 예수님께서는 병자들의 아픈 육체를 직접 고쳐 주셨지만, 예수님의 가장 근본적인 사명은 바로 이 땅에 만연한 악한 영의 세력들에 억눌려 죽을 수밖에 없는 인간들에게 십자가를 통하여 죄에서 놓임을 얻어 영원한 자유함을 주시는 것이었다. 예수님의 영원한 자유는 단지 심리적 치유 차원을 초월하여 정신과 마음과 심령과 영혼에 대한 전인적인 통합의 치유라고 할 수 있다. 폴링은 미국 사회에 뿌리 깊은 인종과 성별 차이를 사회악으로 규정하며, 이러한 사회악에 저항하는 공동체(community of resistance)가 되기 위해서 온갖 개인적이고 사회구조적인 악에 저항하신 예수님을 닮아갈 것을 강조한다. 즉 그는 이 땅 위에서 많은 고통과 아픔과 눈물을 가져오는 인종차별과 성차별이라는 악에 대항하는 저항의 공동체에게 예수 그리스도가 저항(resistance)과 개혁(revolution)의 상징이라는 것이다. 그는 다음과 같이 예수 그리스도의 저항과 변혁의 정신을 역설한다.

> "종교적 저항가로서 예수님은 노예제도, 인종차별주의와 가부장제도와 같은 인간을 비인간화하는 악에 도전하는 진정한 인간다움을 드러내신다. 우리는 그러한 악에 저항하는 공동체 안에서 하나님의 거룩하심을 보게 된다. 왜냐하면 저항 공동체 안에서 악에 저항하셨던 예수님의 모습을 오늘날 우리는 볼 수 있기 때문이다. 그러한 저항에 대하여 왜곡과 배반이 오랫동안 존재해 왔지만 일부 저항 공동체는 예수님 안에서 함께 고통받는 모습을 발견한다."[50]

둘째로, 교회가 행하는 예언자적 기능은 이 세상을 향하여 내는 하나님의 사랑과 공의의 목소리이다. 내부적으로 깊은 성찰과 실천을 통해 돌봄의 공동체로 거듭난 교회가 이 세상을 향하여 하나님

---

50 Poling, *Deliver Us from Evil: Resisting Racial and Gender Oppression* (Minneapolis, MN: Fortress Press, 1996), p.159.

의 사랑과 공의를 실천하여, 어두움 속에서 빛을, 썩어 곪아가고 있는 곳에 소금의 역할을 행할 때 비로소 교회의 진정한 존재 이유를 세상 사람들은 보게 될 것이다. 진정으로 크리스천과 교회의 변혁된 모습은 교회 안에서 뿐 아니라 교회 밖인 세상 속에서도 드러나야 한다. 이런 의미에서, 목회돌봄과 상담의 예언자적 기능은 지금도 이 세상을 돌보고 계시는 하나님의 사역에 함께 참여하는 것이며, 그 대상은 인간과 사회문화 그리고 하나님께서 창조하신 자연까지 포함한다.

폴링은, 하나님은 예수님께서 십자가에서 고통받으며 돌아가실 때 하늘로 피신하신 것이 아니라 십자가 위에 매달려 인간의 모든 고통을 경험하셨다고 역설하면서, 하나님은 현대사회에서 어린아이가 성폭행을 당하고 한 여자가 살해당할 때 다시 십자가에 매달리신다고 말한다. 따라서 우리가 하나님의 마음을 품고 내담자와 이 사회의 악한 현상들을 바라볼 때마다 우리는 인간의 역사 안에서 존재하시는 하나님을 바라볼 수 있어야 한다.

또한 예수 그리스도의 저항의 사역을 하기 위해서 우리는 저항의 영성(spirituality of resistance)을 발달시켜야 한다고 폴링은 말한다. 그는 "저항의 영성을 발달시키기 위해서 우리는 타인의 이야기와 삶을 완전히 품을 수 있어야 한다. 고통 가운데서 악에 저항하며 살아남은 사람들은 하나님의 사랑이 악의 힘보다 더 강하다는 것을 발견하게 된다. 그럼에도 불구하고 우리는, 대부분의 악으로부터의 희생자들은 희망 가운데 살아나지 못하고 있다는 현실을 기억해야 하며, 이러한 고통과 아픔으로부터의 희생에 대해 통곡해야만 한다"[51]고 말한다.

결론적으로 목회신학과 돌봄과 상담은 상담자와 내담자가 모두 하나님의 눈물을 담는 그릇이 되는 과정으로 비유할 수 있을 것 같다. 하나님께서는 도저히 이해가 안 되고 용서가 안 되며 받아들일 수 없는 우리를 받아들여 주시고, 상처받고 고통당하는 자의 눈물가운데 존재하시듯, 목회돌봄과 상담을 통하여 상담자는 이 땅 위에서 신음하는 이들의 눈물 속에 존재할 수 있는 용기를 갖게 해주며, 또한 내담자로 하여금 자기 자신조차 용서할 수 없는 이야기를 가슴에 담으며 살듯이 도저히 용납해 줄 수 없는 사람들의 이야기도 담을 수 있는 그릇이 되도록 용기를 북돋워 주는 것이다. 이러한 하나님의 눈물을 담을 수 있는 마음으로 이 세상을 향해 예언자의 소리를 낼 때 한국의 목회신학계와 돌봄과 상담 종사자들은 21세기에 하나님께서 사용하시기에 합당한 귀한 도구가 될 줄 믿는다.

51 위의 책, p.175.

참고문헌

Banks, Robert. *Paul' s Idea of Community*. Peabody, MA: Hendrickson Publishers, 1994.

Cousar, Charles. *A Theology of the Cross: The Death of Jesus in the Pauline Letters*. Minneapolis, MN: Fortress Press, 1990.

Cox, David. *Jung and St. Paul*. New York: Association Press, 1959.

Dourley, John. *The Psyche as Sacrament*. Toronto: Inner City Books, 1981.

_______. *The Illness That We Are*. Toronto: Inner City Books, 1984.

_______. *A Strategy For A Loss of Faith*. Toronto: Inner City Books, 1992.

Forsyth, James. *Freud, Jung, and Christianity*. Ottawa: University of Ottawa Press, 1989.

Gorman, Michael. *Cruciformity: Paul' s Narrative Spirituality of the Cross*. Grand Rapids, MI & Cambridge, U.K.: William B. Eerdmans Publishing Company, 2001.

Graham, Elaine. "Practical Theology as Transforming Practice." In *The Blackwell Reader in Pastoral and Practical Theology*, eds. J. Woodward and Stephan P. Malden: Blackwell, 2000.

Graham, Larry. *Care of Persons, Care of World: A Psychosystemic Approach to Pastoral Care and Counseling*. Nashville, TN: Abingdon Press, 1992.

______. *From Impasse to Innovation in Pastoral Theology and Counseling*. Journal of Pastoral Theology, 6, 17-36. 1996.

______. *Discovering Images of God*. Louisville, KY: Westminster John Knox Press, 1997.

______. *Pastoral Theology as Public Theology in Relation to the Clinic.* Journal of Pastoral Theology, 10, 1-17. 2000.

Hall, Douglas. *God & Human Suffering.* Minneapolis, MN: Augsburg Publishing House, 1986.

__________. *The Cross in Our Context.* Minneapolis, MN: Fortress Press, 2003.

__________. "Theology of the Cross: Challenge and Opportunity for the Post-Christendom Church." In *Cross Examinations*, ed. Marit Trelstad. Minneapolis, MN: Augsburg Fortress, 2006.

Hunter, Rodney, ed. *Dictionary of Pastoral Care and Counseling.* Nashville, TN: Abingdon Press, 2005.

Jung, C.G. *Two Essays on Analytical Psychology.* New York: Pantheon Books, 1953.

Kornfeld, Margaret. *Cultivating Wholeness.* New York and London: Continuum, 1998.

Kunkel, Fritz. *In Search of Maturity.* New York: Charles Scriber' s Sons, 1949.

Migliore, Daniel L., *Faith Seeking Understand.* Grand Rapids, MI: William B. Eerdmans Publishing Company, 1991.

Miller-McLemore, Bonnie. *The Human Web: Reflections on the State of Pastoral Theology.* Christian Century, April 7, 1993.

______. "The Living Human Web: Pastoral Theology at the Turn of the Century." In *Through the Eyes of Women: Insights for Pastoral Care*, ed. J. Stevenson-Moessner. Minneapolis, MN: Fortress Press, 1996.

______. "Pastoral Theology as Public Theology." In *Pastoral Care and*

Counseling: Redefining the Paradigms, ed. Nancy Ramsey, Nashville, TN: Abingdon Press, 2004.

Moltmann, J. "The Crucified God: Yesterday and Today: 1972-2002." In *Cross Examination*, ed. MaritTrelstad. Minneapolis. MN: Augsburg Fortress, 2006.

Neuger, Christie. *"Power and Difference in Pastoral Theology."* In *Pastoral Care and Counseling: Redefining the Paradigm*, ed. Nancy Ramsay. Nashville, TN: Abingdon Press, 2004.

Patton, John. *Pastoral Care in Context: An Introduction to Pastoral Care.* Louisville, KY: Westminster/ John Knox Press, 1993.

Poling, James. *The Abuse of Power: A Theological Problem.* Nashville, TN: Abingdon Press, 1991.

__________. *Deliver Us from Evil: Resisting Racial and Gender Oppression.* Minneapolis, MN: Fortress Press, 1996.

__________. "The Cross and Male Violence." In *Cross Examinations*, ed. Marit Trelstad. Minneapolis, MN: Augsburg Fortress, 2006.

Ramsay, Nancy. "A Times of Ferment and Redefinition." In *Pastoral Care and Counseling: Redefining the Paradigms*, ed. Nancy Ramsay. Nashville, TN: Abingdon Press, 2004.

Sanford, John. *Evil: The Shadow Side of Reality* (심상영, 역), 《융 학파 정신분석가가 본 악》. 서울: 심층목회연구원 출판부, 2003.

Speer, Robert. *Studies of The Man Paul.* New York, Chicago, and Toronto: Fleming H. Revell Company, 1900.

Storr, Anthony. *C.G. Jung.* New York: The Viking Press, 1973.

__________. *The Essential Jung.* Princeton: Princeton University Press, 1983.

Theissen, Gerd. translated by *Calvin John. Psychological Aspects of Pauline Theology.* Philadelphia: Fortress Press, 1983.

Thompson, James. *Pastoral Ministry according to Paul.* Grand Rapids, MI: Baker Academic, 2006.

Thornton, Sharon. *Broken yet Beloved: A Pastoral Theology of the Cross.* St. Louis, MO: Chalice Press, 2002.

Watts, Fraser. *Theology and Psychology.* Burlington: Ashgate Publishing Company, 2002.

Winckel, Erna Van De. *De l' inconscient a Dieu: Ascese Chretienne et Psychologie de C.G. Jung* (김성민, 역), 《융의 심리학과 기독교 영성》. 서울 : 다산글방, 2002.

판 권
소 유

–공동체적, 컨텍스트적 목회상담 패러다임을 중심으로

목회상담학자의 바울 읽기

2010년 3월 20일 인쇄
2010년 3월 25일 발행

지은이 | 장보철
발행인 | 이형규
발행처 | 쿰란출판사

주소 | 서울 종로구 이화동 184-3
TEL | 02-745-1007, 745-1301, 747-1212, 743-1300
영업부 | 02-747-1004, FAX / 02-745-8490
본사평생전화번호 | 0502-756-1004
홈페이지 | http://www.qumran.co.kr
E-mail | qumran@hitel.net
qumran@paran.com
한글인터넷주소 | 쿰란, 쿰란출판사

등록 | 제1-670호(1988.2.27)

책임교열 | 김윤이 · 박신영

값 8,000원

ISBN 978-89-5922-894-2 93230